COLLECTION FOLIO

François Garde

# Petit éloge de l'outre-mer

Gallimard

Né en 1959, François Garde passe son enfance à Aix-en-Provence. Il monte à Paris pour étudier à Sciences Po, puis à l'ENA. Un service militaire dans la marine à La Réunion constitue sa première expérience outre-mer.

Au cours de sa carrière administrative, il est successivement sous-préfet du Marin, en Martinique (1987-1989), secrétaire général adjoint de la Nouvelle-Calédonie (1991-1993), conseiller technique au cabinet de Jean-Jack Queyranne, secrétaire d'État aux DOM-TOM (1998-1999), administrateur supérieur des TAAF – terres Australes et Antarctiques françaises – (2000-2004), secrétaire général du gouvernement de la Nouvelle-Calédonie (2009-2010).

Il a participé à une douzaine de colloques et publié une vingtaine d'articles au carrefour du droit et de l'anthropologie. Il a été chargé d'une mission sur l'évolution institutionnelle de la Guadeloupe par la présidente du conseil régional (2013-2014) et, à la demande du Premier ministre, a été membre de la mission d'écoute et de conseil sur l'avenir institutionnel de la Nouvelle-Calédonie (2015-2016).

Il est actuellement vice-président du tribunal administratif de Grenoble.

Après deux essais, consacrés évidemment à l'outre-mer (*Les institutions de la Nouvelle-Calédonie*, L'Harmattan, 2001, et *Paul-Émile Victor et la France de l'Antarctique*, Audibert, 2006), il publie son premier roman en 2012 (*Ce qu'il advint du sauvage blanc*, Goncourt du premier roman et lauréat de neuf autres prix littéraires) puis *Pour trois couronnes* en 2013, *La baleine dans tous ses états* en 2015, *L'effroi* en 2016 (prix Mottart de l'Académie française), *Marcher à Kerguelen* en 2018 – tous aux Éditions Gallimard. À l'exception de *L'effroi*, ses livres évoquent directement ou de manière plus voilée l'outre-mer.

*Lisez ou relisez les livres de François Garde en Folio :*

CE QU'IL ADVINT DU SAUVAGE BLANC (Folio n° 5623)

POUR TROIS COURONNES (Folio n° 5853)

LA BALEINE DANS TOUS SES ÉTATS (Folio n° 6223)

L'EFFROI (Folio n° 6433)

*Pour Laurence, qui m'a accompagné outre-mer,*
*Marie, qui y a grandi,*
*et Manon qui y est née.*

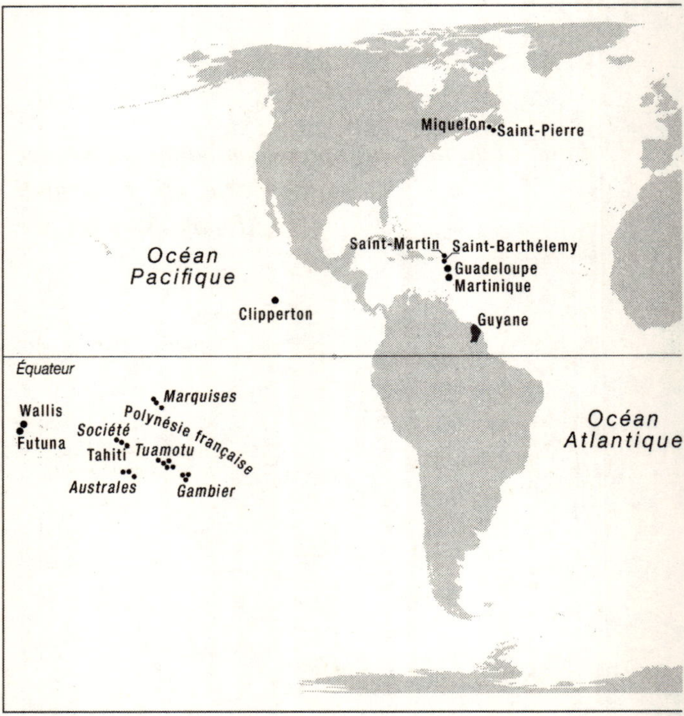
Miquelon
Saint-Pierre
Saint-Martin
Saint-Barthélemy
Guadeloupe
Martinique
Océan
Pacifique
Clipperton
Guyane
Équateur
Marquises
Wallis
Futuna
Polynésie française
Société
Tahiti
Tuamotu
Australes
Gambier
Océan
Atlantique

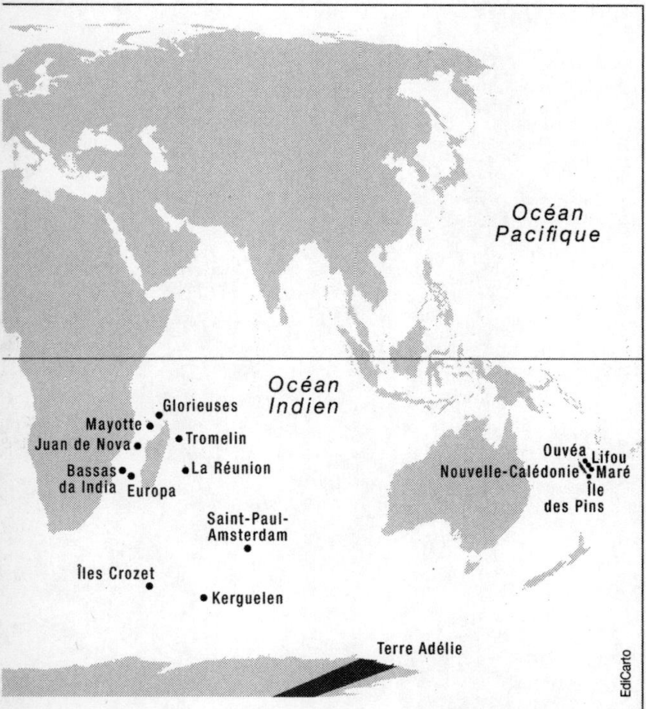

Océan
Pacifique
Océan
Indien
Glorieuses
Mayotte
Juan de Nova
Tromelin
Bassas
da India
Europa
La Réunion
Saint-Paul-
Amsterdam
Îles Crozet
Kerguelen
Ouvéa
Lifou
Nouvelle-Calédonie
Maré
Île
des Pins
Terre Adélie
EdiCarto

## *Partir*

Arriver outre-mer. Descendre de l'avion tout fripé d'un long voyage. Admirer des palmiers bercés par la nuit tropicale. Ôter son pull. Régler sa montre sur un nouveau fuseau horaire. Se laisser cueillir par un mélange de senteurs iodées et sucrées. Entendre des rires, des appels, des pleurs, des embrassades. Errer dans une aérogare moderne, climatisée, étonnamment banale.

Remarquer un gendarme en short.

Entièrement gendarme, par son képi sur des cheveux courts, son air sévère, l'arme réglementaire qu'il porte à la ceinture, la mission qu'il exerce. Et pourtant ce short, bleu foncé, laissant voir des jambes musclées et bronzées.

Les touristes britanniques, japonais, américains adorent photographier les gendarmes en short. Le Français de métropole qui débarque pour la première fois et découvre cette tenue, officielle quoique adaptée, éprouve un très léger trouble. Il reconnaît l'uniforme, et ne le reconnaît pas tout à fait. Il sait qu'il est en France, et cette certitude le rassure. Mais un je-ne-sais-quoi lui dit aussi qu'en même temps, surabondamment, il est ailleurs. Que doit-il faire de ce doute sur le sentiment d'appartenance, de ce subtil et impalpable dépaysement ?

Le gendarme passe son chemin. Chacun récupère ses valises puis cherche du regard sa famille, son collègue ou le préposé d'une agence. Les effusions sont plus bruyantes et les retrouvailles plus chaleureuses qu'à Orly ou Roissy. Elles disent aussi la longueur du voyage, et son coût. La diversité des tenues et des types physiques donne le tournis. Bienvenue outre-mer.

Puisque je parle d'outre-mer, c'est que je suis, moi, métropolitain. Quel vilain mot ! Je lui préfère zoreille, comme on dit à La Réunion, aux Antilles, en Nouvelle-Calédonie, mzungu à Mayotte, papalangi à Wallis-et-Futuna, popa'a en Polynésie. Peu importent les syllabes, je suis un métro, je suis celui qui vient d'ailleurs, de cette métropole distante d'où arrivent depuis bien longtemps, en un flux ininterrompu et qui ne connaît pas de renverse, le pouvoir, l'argent, les lois, les savoirs, la santé, les compétences, les libertés et leurs contraires.

L'outre-mer m'a séduit par surprise. Lorsqu'en 1981 j'ai accompli mon service militaire, je n'avais qu'un objectif : éviter les régiments d'infanterie dans l'est de la France et en Allemagne. Je pus choisir la marine. Après mes classes, je m'envolai pour rejoindre mon patrouilleur, et atterris à Mayotte : aucune route goudronnée, des policiers de la garde territoriale pieds nus ; une profusion d'arbres dont je ne connaissais ni le nom ni la forme ; la Légion étrangère sur son rocher ; la barge, valse lente pour passer de Petite-Terre en Grande-Terre ; et puis cette population qui s'était battue pour rester française ; ces femmes au visage poudré de santal drapées dans des boubous multicolores ; ce lagon aux couleurs chatoyantes ; l'appel du muezzin ; enfin, la nuit, plus d'étoiles que le ciel ne pouvait en contenir… Je me croyais dans le décor d'un film des années 1930, et n'aurais pas été étonné d'y croiser Jean Gabin jeune. Une douceur de vivre à laquelle je ne m'attendais pas, moi le Provençal encore jamais sorti d'Europe, me séduisit immédiatement et me fit perdre mes repères. Mais ce premier choc n'était rien encore.

Deux jours plus tard, le patrouilleur appareillait pour le canal du Mozambique et les îles Éparses, dont j'ignorais alors l'existence. Après avoir doublé d'assez loin le cap d'Ambre, au nord de Madagascar, il prit la direction des Glorieuses — rien que ce nom, antique ou baroque, me fascinait. Et le 10 mai 1981, pendant que certains se préparaient à remonter vers le Panthéon une rose à la main, je musardais en maillot de bain, tantôt sur la longue plage de sable blond qui ourle Grande Glorieuse, tantôt immergé jusqu'aux genoux dans l'eau cristalline et tiède, vers ce lointain bosquet de cocotiers ébouriffés par l'inconstance de la brise, l'île du Lys.

Pour ne pas avoir à ramper dans la boue des camps de Champagne, j'avais fait le choix de l'outre-mer, et je n'en suis jamais revenu.

Bien sûr, l'outre-mer n'existe pas. Pas plus que la province.

Vous naissez Breton ou Savoyard, Alsacien ou Basque. Vous ne devenez provincial qu'en arrivant à Paris. Le regard de l'autre, du centre, vous définit et vous assigne : non par ce que vous êtes, mais comment on vous regarde. Un motif en creux. Il en est de même pour un Réunionnais, un Polynésien ou un Martiniquais. Dans la quiétude de leurs îles, qu'aucune solidarité ne lie spontanément les unes aux autres, leur identité leur suffit entièrement, ils ne se pensent pas comme ultramarins. Ils ne le deviennent qu'à leur corps défendant, dans le choix que d'autres font pour eux.

Malgré tout, cette définition exogène fait sens et correspond à une réalité. Une réalité géographique et une option de destin. Un résultat de l'histoire et de la volonté. Une conjonction d'astres.

De quoi parle-t-on ? D'îles, à l'exception de la Guyane, à sa façon une île au cœur de la forêt amazonienne. Voilà une première certitude : l'outre-mer entretient avec la mer — la mer ouverte à toutes les aventures, la mer barrière qui enferme, la mer où s'éparpillent les îlots, la mer inlassablement nourricière, la mer qui menace et qui gronde, la mer qui attire les touristes — une relation ancienne et d'une force indicible. Toutes les villes et presque tous les bourgs sont des ports — sauf à La Réunion, où le port s'appelle Le Port.

Certaines de ces îles sont doubles : Wallis avec Futuna, Miquelon jamais sans Saint-Pierre, Petite-Terre et Grande-Terre de Mayotte. D'autres sont des archipels : la Guadeloupe, la Nouvelle-Calédonie, voire plusieurs archipels : la Polynésie, les terres Australes. Des îles, presque à l'infini.

Peu importe le dénombrement. L'outre-mer, c'est une île. Et, pardon de cette lapalissade, une île, c'est d'abord une discontinuité.

Je me souviens avec effarement d'une discussion au téléphone depuis Nouméa avec un conseiller ministériel qui, au moment de la crise liée au virus H1N1, voulait à toute force envoyer des équipements obsolètes dont la Nouvelle-Calédonie n'avait nul besoin. Sourd à mes objections, il m'annonçait la bonne nouvelle et, pour souligner sa grandeur d'âme, ajoutait que le lot comporterait également la quote-part de Wallis-et-Futuna. Je protestai à nouveau, m'attirant cette repartie cinglante : « Quoi ? On vous les livre en Nouvelle-Calédonie, et vous refusez de les mettre dans un camion pour Wallis ? » Je dus répéter à plusieurs reprises que deux mille kilomètres d'océan séparent les deux archipels…

Oui, l'océan importe. Il barre l'horizon, il est l'horizon. Il rend modeste. Il enferme et libère à la fois, comme une porte infinie et insaisissable, une promesse indéchiffrable. Quelle que soit la route que l'on prend, la côte reste non loin, et murmure ce rappel ironique : roule, roule tant que tu veux, roule tout droit, continue sans t'arrêter, à force de faire le tour de l'île tu finiras par te retrouver à ton point de départ.

Le Guadeloupéen Saint-John Perse intitule un de ses recueils *Amers* : non l'amertume, mais les signaux utiles à la navigation. Le Martiniquais Aimé Césaire écrit le *Cahier d'un retour au pays natal*. Ce titre porte en lui un voyage, une distance. Ces poètes mettent en mouvement non seulement les êtres, les désirs, les pensées mais, au plus profond, la langue. Ils sentent d'instinct cette tension entre le rivage et le lointain, le désir d'ailleurs et le besoin de racines, et, pour seul horizon, la mer océane.

J'ai été, pendant trois ans en Martinique, sous-préfet du Marin. Ce titre, qui appelle à l'aventure et aux voyages, me fascinait. Ensuite j'ai découvert l'existence, bien plus au nord, de l'île aux Marins, digue naturelle et vigie protégeant le port de Saint-Pierre. L'outre-mer, par essence, est ouvert aux vents du large. La goélette, plus tard le paquebot, participent étroitement à son identité.

Aujourd'hui, l'outre-mer commence et s'achève par un vol transcontinental en gros-porteur, par une porte, qui se nomme Le Lamentin-Aimé Césaire, Nouméa-La Tontouta, Rochambeau-Félix Éboué, Gillot-Roland Garros, Le Raizet-Pôle Caraïbes, Tahiti-Faa'a, Saint-Martin-Princess Juliana.

D'îles françaises. Elles auraient pu ne pas l'être. Dans le grand jeu entre les puissances coloniales, sous l'Ancien Régime, au congrès de Vienne et sous le second Empire, les cartes auraient pu être distribuées autrement. Mais enfin c'est ainsi. Elles sont françaises, depuis Louis XIII pour les Antilles, la Guyane et La Réunion, Louis XV pour Kerguelen — soit avant la Corse —, Louis XVI pour Saint-Pierre-et-Miquelon — soit avant Avignon et Mulhouse —, Charles X pour la terre Adélie, Louis-Philippe pour Mayotte et la Polynésie, Napoléon III pour la Nouvelle-Calédonie — soit avant Nice et la Savoie —, la III$^{e}$ République pour Wallis-et-Futuna et Clipperton. Une histoire courte : cinq siècles pour l'Atlantique, quatre pour l'océan Indien, deux pour le Pacifique. Au grand flux de la colonisation a succédé partout sur la planète depuis la Seconde Guerre mondiale le reflux de la décolonisation. Ces îles-là sont restées à l'écart du jusant.

Aujourd'hui, des indépendantistes contestent leur appartenance à la France. En Nouvelle-Calédonie et en Polynésie, ils constituent depuis plus d'une trentaine d'années un tiers de l'électorat. Aux Antilles et à La Réunion, ces mouvements semblent aujourd'hui moins importants, les thèses autonomistes apportant une proposition mieux perçue. Il n'y a qu'à Saint-Pierre-et-Miquelon, Wallis-et-Futuna et Mayotte que nul n'imagine rompre le lien avec Paris. Partout outre-mer, il suffirait que la majorité de la population demande à quitter la France pour obtenir gain de cause. Nul n'est retenu par force.

Toutes ces îles sont entourées d'anciennes colonies, souvent anglaises, devenues indépendantes. La Réunion et l'île Maurice forment un couple naturel que les guerres napoléoniennes ont disjoint. La Dominique, indépendante, se situe au nord de la Martinique et au sud de la Guadeloupe. Des trois Guyanes, seule la française est restée liée à un pays européen. Comment mieux illustrer ce hiatus entre la géographie et les réalités politiques, cette possibilité de divorce qui reste ouverte tant que dure le mariage…

Hormis le cas particulier du canal du Mozambique, où les Comores revendiquent toujours Mayotte, Madagascar les îles Éparses et l'île Maurice Tromelin, et la réclamation du Vanuatu sur Matthew et Hunter, deux cailloux déserts au sud de la Nouvelle-Calédonie, aucun pays ne conteste la présence française. Même l'Australie et la Nouvelle-Zélande, il y a peu proches des indépendantistes kanak et polynésiens, s'en félicitent publiquement, y voyant un gage de stabilité pour l'ensemble de la région.

Françaises, donc. Mais qui en France les connaît et les aime ? Interrogé, le Français de métropole évoquera, au mieux, sportifs émérites, musiques chaloupées, cyclones, cartes postales de vacances, révoltes sociales, rhum et recettes épicées, le sourire de tel voisin… Et pointera parfois une forme d'irritation contre les flots d'argent public qui, croit-il savoir, se déversent à fonds perdus vers des populations paresseuses et ingrates.

Dans la tête d'un métro, le plus souvent à son insu, l'outre-mer commence avec Bougainville, son *Voyage* et le *Supplément au Voyage* par Diderot. Peu importe que le grand navigateur n'ait raconté que Tahiti, ait rêvé plutôt que décrit la société qu'il chroniquait. Peu importe que son double inspiré ait projeté sur ce récit toute l'ardeur de sa contestation prérévolutionnaire. Le mélange émollient de chaleur tropicale, de paresse favorisée par la générosité de la nature, de sensualité omniprésente, de liberté des mœurs et d'hospitalité sans limites a fait rêver des générations d'Européens. La relation entre la France et l'outre-mer commence sur un malentendu.

Il faut l'avouer : l'idée de l'outre-mer a plus de charmes que sa réalité. La déception est inévitable.

Des commentateurs évoquent parfois les confettis de l'Empire, dans une formule où l'ignorance le dispute au mépris. Ces îles seraient des confettis, d'identiques éclats de papier coloré tombés au hasard sur la mappemonde un soir de fête. Mais non ! Chacune de ces îles a une histoire singulière et tragique, où nul ne peut rien voir d'anodin, de léger, d'amusant. Ceux qui les rassemblent ainsi pour les disqualifier ne comprennent rien à l'histoire de la France, ni à sa géographie. Ils murmurent aussi autre chose, plus qu'un dédain, un désintérêt, un désamour qui menace et qui blesse. Ont-ils seulement connaissance de tous ces monuments aux morts des deux guerres mondiales, dans chacune des communes de l'outre-mer ?

Car enfin, sans même compter les ultramarins en métropole, plus de deux millions et demi de nos compatriotes vivent outre-mer, soit plus qu'à Paris, dont plus de huit cent quarante mille à La Réunion, soit plus que dans le Maine-et-Loire. Qui oserait dire que Paris ou le Maine-et-Loire sont des confettis de l'Hexagone ? Est-ce parce que beaucoup d'entre eux sont noirs que certains les traitent ainsi ? Ou parce qu'ils sont plus pauvres que la moyenne des Français ? Et si Saint-Pierre-et-Miquelon et Saint-Barthélemy comptent moins de dix mille habitants, chacun d'eux ne mérite-t-il pas le même respect que chaque autre Français ?

Pourtant, j'ose le rappeler au risque de choquer ceux qui y vivent, l'outre-mer a toujours été, dans l'Hexagone, un enjeu secondaire, un ministère exposé sans gloire ni bénéfice, une cause sans beaucoup d'avocats. Et d'ailleurs, comme me l'avait dit, pince-sans-rire, un grand serviteur de l'État auprès de qui je débutais : « Outre-mer, on apprend quantité de choses passionnantes, mais qui ne servent à rien une fois rentré en métropole. » Il avait raison, mille fois raison.

Voilà une deuxième certitude. L'outre-mer est une construction politique, non une évidence.

Il ne résulte pas ou plus d'un rapport de forces imposé, mais d'un choix, d'un choix partagé, sur chacune des deux rives.

Je m'intéresse depuis longtemps à ces îles, je les ai toutes parcourues, sauf, et je le regrette, Saint-Pierre-et-Miquelon et Clipperton. Je suis moins légitime à les évoquer que ceux qui y sont nés, mais j'ose les évoquer toutes. Ceux-là me le pardonneront-ils ? Je prétends avoir le droit de les aimer. Pour les besoins d'un roman, j'en ai même inventé une de plus, Bourg-Tapage, qui emprunte son nom à un hameau réunionnais, son histoire politique à la Nouvelle-Calédonie, son relief à la Guadeloupe et sa cuisine à la Polynésie…

Et je l'affirme : évoquer la France sans y inclure l'outre-mer provoque, par rétrécissement de perspectives, une myopie préjudiciable.

Il faut donc scruter les cartes.

Ces îles ne sont pas en Europe. La Corse, par son histoire comme par sa géographie, ne saurait en faire partie. Les océans Atlantique, Indien, Pacifique, Austral et Antarctique baignent leurs côtes. Pourtant, par le mystère des négociations bruxelloises et contre toute logique, la Martinique, la Guadeloupe, La Réunion, la Guyane font partie de l'Europe politique. Lorsque la fusée Ariane quitte son pas de tir de Kourou, elle s'élève au-dessus de l'Europe, en un certain sens.

Dans une torsion violente du planisphère, la France se trouve ainsi avoir des frontières terrestres avec les Pays-Bas à Saint-Martin, avec le Brésil en Guyane, avec l'Australie en Antarctique. Par la mer, elle est voisine du Canada à Saint-Pierre-et-Miquelon, de Madagascar à Mayotte, de l'Afrique du Sud aux îles Crozet et de l'Australie à Kerguelen, et même du Mexique à Clipperton. Une telle énumération peut donner le tournis, comme une leçon récitée par un mauvais élève ; ou prêter à sourire, si l'on prétend en tirer des rodomontades géopolitiques.

Je pourrais les aborder par la géographie physique. Celles de l'hémisphère Nord : les Antilles, la Guyane, Saint-Pierre-et-Miquelon et Clipperton, et toutes les autres dans l'hémisphère Sud, où comme chacun sait on vit la tête en bas. Ou encore, celles de l'équateur : Clipperton et la Guyane ; celles des mers froides : Saint-Pierre-et-Miquelon, les terres Australes, la terre Adélie ; toutes les autres, tropicales. Déjà cette présentation suggère un méli-mélo invraisemblable, bien loin des préceptes cartésiens qui paraît-il nous gouvernent. Mais qu'importe, cette fausse évidence du globe n'est rien, au côté de l'histoire du peuplement, clef véritable de la compréhension de ces îles — et de leur attrait.

Les unes étaient désertes : Saint-Pierre-et-Miquelon, La Réunion, Kerguelen, Clipperton. Les deux dernières le sont restées. Aux Antilles et dans une moindre mesure en Guyane, les populations originelles ont été éliminées dès le début de la présence française : table rase pour construire de nouveaux mondes.

Les autres ont conservé leur peuplement premier, à Mayotte et dans le Pacifique.

À cette donne de départ sont venus s'ajouter les mouvements liés à la colonisation : l'arrivée de colons de métropole qui ont fait souche, mais rarement fortune, aux Antilles, à La Réunion, à Saint-Pierre-et-Miquelon, en Nouvelle-Calédonie. Il y fallait des travailleurs pour le tabac, le coton, la canne à sucre : le flux séculaire et criminel de la traite négrière vers les Antilles et La Réunion y a contribué. Ainsi que, après l'abolition de l'esclavage, des migrations plus ou moins organisées, depuis l'Inde, parfois la Chine, le Vietnam, Madagascar, l'Indonésie, pour fournir la main-d'œuvre des champs, des maisons, des mines… Sans oublier les tragédies du bagne, en Nouvelle-Calédonie puis en Guyane, et la brutalité de la dépossession foncière en Nouvelle-Calédonie. Partout une histoire violente, tissée de misères et de voyages sans retours, d'exils et d'espérances, de mémoire et d'amnésie, de deuils et de renouveau…

Ces drames et parfois ces crimes constituent l'histoire personnelle et collective des habitants de ces terres. Ils les définissent et les marquent. Ils ne peuvent être oubliés ni dépassés, ils n'autorisent aucun apaisement, car comment faire la paix avec au fond de soi pareilles souffrances et pareilles injustices ? Les cris de révolte qui montent des siècles passés ne peuvent trouver d'accomplissement. Qui se refuse à l'accepter s'expose à une surdité pernicieuse.

Là où les populations ont été amenées ou renouvelées par le système colonial, une langue nouvelle est apparue, le créole, que je comprenais un peu, à force de l'entendre autour de moi, et que j'ai hélas oublié. Ailleurs, les populations d'origine ont conservé leurs parlers et aucune mixité linguistique n'a pu apparaître — même si le français dans le Pacifique y résonne d'accents et de vocabulaire savoureux.

Installé à la terrasse d'un café sur le front de mer de Saint-Pierre, je me délecte de la variété des types physiques des passants, et surtout des passantes. Le mélange des sangs me raconte des ascendances complexes et jamais identiques, des traversées océaniques, des destins jetés comme des coups de dés, des malheurs, des paris, des amours. Il en résulte peaux couleur d'ambre et yeux allongés, pommettes hautes et cheveux luxuriants, sourires timides ou fiers, et souvent une élégance de reine en exil dans la démarche.

Qu'on ne se méprenne pas sur cette remarque. Il ne s'agit pas de vanter la sensualité des filles des îles, de faire écho à une certaine littérature coloniale insupportable et niaise. Peu m'importe qu'elles soient jeunes ou percluses sous le poids des ans, belles ou non, vêtues et coiffées avec élégance ou moulées dans une tenue jaune canari avec des mèches en bataille tenues par une large barrette rose. En les regardant passer, je ne vois ni corps objets du désir ni défilé de modes, mais les générations dont elles sont les fruits. Indiscret, à travers leurs traits, je m'escrime à remonter leur arbre généalogique. Je crois pouvoir y deviner des navires toutes voiles dehors, où certains voyageaient confortablement, d'autres à fond de cale, d'autres encore attachés et battus. Et lorsque ces lycéennes qui passent en riant devant moi seront mères à leur tour, ces navires enfuis continueront leur route.

Ce rappel confirme que chaque île a une histoire singulière et ne se résout pas dans un schéma ou une explication uniques. Voir l'outre-mer comme une réalité univoque, c'est méconnaître cette diversité, et se leurrer. Même la Martinique et la Guadeloupe, assurément les deux plus proches, ne sont pas identiques, et miroitent de leurs différences.

Évoquer l'outre-mer sans en avoir conscience, c'est ne rien y comprendre. Cet agrégat est parfois nécessaire, mais il ne peut se substituer à la douzaine de réalités qu'il prétend résumer. Chaque affirmation sur l'outre-mer devrait s'accompagner d'un corollaire qui en exempterait une ou deux. La règle, c'est qu'il y a des exceptions. Et des exceptions aux exceptions. Plaignons journalistes et parlementaires qui n'ont jamais le temps de s'y plonger…

L'histoire du peuplement ne somnole pas dans de poussiéreux livres d'histoire. Elle vit, vibre, résonne, se prolonge, parle à voix haute, et parfois réclame. Non comme je ne sais quel péché originel, mais comme un temps long et infiniment présent, où s'inscrivent les trajectoires personnelles. Chaque habitant de l'outre-mer sait quelles légendes, quelle mémoire, quelle langue, quelle foi, et même quelle cuisine il a reçues de ses aïeux. Ce legs le définit, continue à travers lui, passera à ses enfants.

Les Français, selon la formule de Tocqueville, ont la passion de l'égalité, et se méfient spontanément de la diversité, dont ils redoutent qu'elle lui soit contraire. La métropole s'accommode mal du sentiment d'appartenance à une communauté. Outre-mer, il va de soi. Chacun connaît son origine, et le regard de l'autre la lui confirme. Nul ne peut s'en extraire ni en changer. Combien de Roméo ultramarins ont dû triompher d'obstacles parce que leur Juliette n'avait pas la bonne couleur, la bonne religion, la bonne parenté ! (Je laisse aux ethnologues le soin d'établir la proportion de mariages endogames…)

Alors oui, au rebours du politiquement correct hexagonal, j'ai appris à discerner les communautés au sein de chacune des populations ultramarines, et je suis attentif aux composantes de ces cocktails jamais identiques, souvent instables et parfois agités.

Elles dessinent tout un réseau invisible de relations positives et négatives, d'attractions et de répulsions, d'alliances et de jalousies. Elles soustendent les stratégies politiques, les revendications sociales, les relations d'affaires, la géographie des logements. Les rouleaux compresseurs de l'école et de la télévision n'y peuvent mais. Ignorer ces mailles souterraines et puissantes, c'est se condamner à l'aveuglement.

Rien n'illustre mieux l'incompréhension du métro face à cette réalité que la colère de Jacques Chirac, quoique le plus attentif à l'outre-mer de tous nos présidents, découvrant à Nouméa que le recensement comportait une question sur l'appartenance ethnique. Pourtant, nul ne s'en offusquait. Bien sûr, chacun répondait selon son ressenti. Cette réalité, encore que subjective, mérite bien d'être dénombrée. Elle ne heurte en rien l'égalité républicaine, qui ne saurait être un impératif d'uniformité. Néanmoins, sur injonction élyséenne, la question fut supprimée, mais non la pertinence de cette distinction.

Et, ô paradoxe, ô impertinence, c'est précisément en Nouvelle-Calédonie que, d'aucuns, issus de mélanges trop complexes, choisissent de se définir comme « pur métis ».

Certaines communautés ne sont présentes que dans une seule île, d'autres en ont essaimé, d'autres encore, issues d'un continent lointain, sont arrivées en plusieurs points de l'outre-mer. Je renonce à une présentation exhaustive ou à un décompte méthodique, et me hasarde à les saluer toutes — j'espère sans trop y croire n'en avoir oublié aucune — dans l'ordre alphabétique, qui est un désordre géographique et une absurdité : Antillais ;

Békés ; Bushinenges ; Cafres ; Caldoches ; Chinois ; Créoles ; Demis — rien à voir avec une bonne bière ; Indiens ; Futuniens ; Hmongs ; Indonésiens, souvent appelés Javanais ; Japonais ; Kanak ; Kabyles ; Mahorais ; Malbars ; Malgaches ; Marquisiens ; Métis ; Mulâtres ; ni-Vanuatus ; Petits-blancs ; Pieds-noirs ; Tahitiens ; Tamouls ; Vietnamiens ; Wallisiens ; Yabs ; Zarabes…

Sans oublier la seule communauté qui n'a pas spontanément conscience d'en être une : les métros.

S'intéresser à l'outre-mer, c'est devoir composer avec cette vision de ces sociétés insulaires : non pas une collection d'individus, mais une mosaïque de communautés, chacune attentive aux autres. Karl Marx y est subtilement désavoué, ou en tout cas complété : l'alpha et l'oméga des relations humaines dans ces îles, ce n'est pas la lutte des classes, mais la conscience d'appartenir à une communauté.

## *Marcher*

Je me souviens de la coutume déposée sur l'herbe devant le petit chef de la tribu d'Atéou ; de la pluie fine qui nous accompagne jusqu'à un premier col où le vent nous sèche ; d'avoir erré dans un lacis d'épaules et de vallons hauts, où le couvert des arbres et l'absence de repères gênent la vue et rendent l'orientation complexe, et après maintes hésitations d'avoir pris une option sans être certains qu'elle nous mènerait au point d'arrivée — car enfin, une vallée finit toujours par arriver quelque part ; d'une nuit dans une cabane de braconniers opportunément apparue de l'autre côté du torrent ; d'un long vol de perruches bleues, descendant et remontant la vallée en piaillant, dont le mouvement forme un nuage indigo aux contours sans cesse changeants ; du jappement de chiens plus ou moins ensauvagés forçant un cerf et d'un grand tumulte invisible dans les broussailles ; d'avoir, innocent, descendu toute la vallée de la Tipindjé, sans rien savoir alors de son histoire et de son abandon, sans comprendre ce que les tertres, les bouquets de pins colonnaires, les billons d'anciennes tarodières racontent pour l'éternité sur la révolte de 1917 et sa répression ; de ces oranges, si amères qu'elles en paraissent presque immangeables, ou alors avec un morceau de sucre ; de la piste qui ne cesse de traverser la rivière au moindre prétexte ; d'un second bivouac, non prévu celui-là, dans une maison à moitié en ruine, où chacun doit tirer du fond de son sac de quoi tromper sa faim ; d'avoir réussi le dimanche soir à prévenir Nouméa que je ne serais pas en salle n° 2 le lundi à huit heures, bien propre et bien rasé, pour présider le jury d'un concours de recrutement de fonctionnaires…

Je me souviens d'une nuit en gîte à Hell-Bourg ; d'un départ vaillant au troisième jour de notre itinérance, le long des cases débordant de géraniums et de roses, de jardins potagers exubérants, d'orangers couverts de fruits ; de la rude montée du cap Anglais — mille mètres de dénivelée d'une seule traite — dans la forêt de cryptomerias ; de l'arrivée sur le rebord du plateau, où en deux pas le paysage change complètement, avec un sol de laves cordées hostile à toute végétation hors quelques mousses et herbes interstitielles, sans plus rien d'humide ou de tropical ; de la pente devenue douce dans ce désert, avec loin en contrebas un paysage brumeux dans les tons de vert et l'infini de l'océan ; d'un poteau indicateur, étrangement policé dans cette ambiance minérale, indiquant Salazie dont nous venions, à droite le piton des Neiges et son refuge, tout droit la plongée vers Cilaos, et à gauche notre direction, le coteau Kerveguen ; des nuages qui sans aucune logique naissent au même moment de tous les quartiers de l'horizon, rafraîchissant d'un coup l'atmosphère ; du parcours aérien sur des rochers pourris envahis de fougères et d'arbrisseaux, si loin au-dessus des virages et des îlets de Cilaos ; de la dernière bouteille d'eau ; du virage où le sentier quitte le rebord et entame la descente vers le village de L'Entre-Deux ; du rendez-vous pris avec une voiture salvatrice à la barrière de la route forestière, bien plus bas ; du constat qu'il nous faut maintenant courir pendant deux heures, sur une piste en gravillons, au risque d'embardées, de dérapages voire de chutes, couverts de poussière, le cœur battant, les jambes flageolantes, les bras censés éviter les gifles des buissons…

Je me souviens — c'était avant la construction du barrage de Petit-Saut — d'une remontée en pirogue du fleuve Sinnamary, bercé par le ronronnement du moteur hors-bord, pendant une interminable matinée au milieu de la forêt identique sur les deux rives ; du débarquement sur une étroite plage boueuse où s'achève une voie Decauville abandonnée que nous allons longer pendant deux jours ; de la hauteur infinie des arbres qui bannissent entièrement le ciel, de ces fûts lisses, blanchâtres ou gris, dont les premières branches partent loin au-dessus de nos têtes ; d'avoir, après la nuit en hamac sous un carbet, soigneusement inspecté et secoué mes chaussures pour en éjecter toute bestiole indésirable ; de la monotonie de ces pas renouvelés, sur un sentier sans relief, dans une moiteur sans fin, dans un silence que perce de temps en temps le reproche d'un oiseau invisible, le long de ces rails oubliés depuis un demi-siècle et qui s'ensevelissent dans les mousses et les feuilles décomposées ; de l'épuisement du benjamin du groupe qui, pour avoir trop copieusement fêté une promotion la veille du départ, peine si visiblement que je porte son sac en ventral en sus du mien pendant toute une après-midi ; et tout d'un coup le mur végétal se fend, le ciel revient à sa place, notre hébétude cesse, une clairière apparaît : les quelques maisons de Saint-Élie…

Je me souviens d'avoir attaqué d'un bon pas sous la pluie la montée boueuse au col des Chasseurs, après une nuit au fond du duvet dans la cabane métallique du lac Studer ; du givre qui habille le flanc des montagnes et tarde à se résoudre en ruisselets sur les bombements de basalte ; du survol d'un skua subantarctique, mis en alerte par nos mouvements et les couleurs de nos sacs à dos, et venant voir, on ne sait jamais, si quelque nourriture… ; du spectacle du haut val des Chasseurs, un vaste amphithéâtre de pierres et de mousses, fermé en aval par un rognon rocheux tenant lieu de scène, et éclairé par un pinceau de lumière dorée tombant d'une échancrure temporaire au plafond peint de nuages ; de la plage où parmi les algues géantes échouées se prélassent de jeunes éléphants de mer somnolents et des manchots papous craintifs et affairés ; d'une après-midi entière en balcon au-dessus du golfe des Baleiniers, sur des gradins et des terrasses naturels, passant de l'un à l'autre au prix d'une modeste et ludique ascension ou désescalade, cap au sud ; de l'apparition au tout dernier moment d'un cube blanc, notre cabane pour la nuit ; des trombes d'eau qui se déversent avec fracas sur ce modeste abri, rendant toute conversation impossible par-dessus nos bols de thé fumant…

## *Dire*

Le vocabulaire se révèle parfois trop bavard. Le concept même de métropole déplaît parce qu'il forme nécessairement un couple avec celui de colonie, un couple inégalitaire très XIXe siècle, qui ne correspond plus aux réalités d'aujourd'hui. Mais comment l'éviter ? Évoquer comme certains textes de loi le territoire européen de la France, dans une stricte approche topologique, semble chercher des excuses. Quand bien même le politiquement correct finirait par évincer le terme de métropole, restera cette scorie : métropolitain.

Et faut-il dire l'outre-mer ou les outre-mers ?

D'infinis débats, où les arrière-pensées abondent, voire les procès d'intention, peuvent naître de l'option retenue.

Le singulier insiste sur le regard porté depuis Paris ; le pluriel, sur la diversité des situations.

L'abstraction du singulier masquerait un sentiment de supériorité ; la précision du pluriel ne serait que l'oripeau d'une mauvaise conscience faussement humble. Celui-là, colonialiste ; celui-ci, néocolonial.

Mais que faire ? Qu'on s'en réjouisse ou qu'on le regrette, cette réalité-là existe et il faut bien lui donner un nom.

Vous voulez mon avis ? L'un et l'autre se dit ou se disent.

## *Manger (et boire)*

Ministère de la Marine, des Colonies, des Départements et Territoires d'outre-mer, de l'Outre-mer, des Outre-mers… Si l'appellation a changé au fil des gouvernements et des modes, l'adresse, rue Oudinot, dans l'hôtel de Montmorin cerné d'un quadrilatère sans âme longeant le boulevard des Invalides, reste immuable.

Lorsque j'y exerçais, ma fille cadette, née à Nouméa, alors âgée de cinq ans, n'arrivait pas à dire ni à comprendre « DOM-TOM ». Elle annonçait donc fièrement : « Mon papa travaille au ministère des bonnes pommes. »

Si l'on prend le mot pomme en son sens ancien de fruit, sa définition convient tout à fait. Je passais mes journées au ministère des mangues juteuses, des litchis délicieux, des bananes goûteuses, des pommes-cannelle d'une infinie suavité, des irrésistibles fruits de la passion, des ananas généreux, de l'enivrante canne à sucre, et de tous ceux, moins connus, dont les noms, les formes, les couleurs, les parfums sont des enchantements :

papayes, ramboutans, abricots créoles, longanes, goyaves et goyaviers, corossols, tamarins, pitayas, tant d'autres encore…

À chacune de mes arrivées à Tahiti, dès que je quitte l'aéroport, ma première visite, vers six heures du matin, m'amène au marché de Papeete, une halle métallique au cœur de la ville. D'immenses bouquets de fleurs m'accueillent. Passé ce seuil ornementé, c'est une profusion de fruits et de légumes, connus ou inconnus, aux couleurs variées, en tas, en bottes, en pyramides, dont la fraîcheur saute aux yeux. Une allée est dédiée aux trésors de la mer, écailles luisantes, camaïeu de gris relevé d'éclats rouges, jaunes, bleus. De vastes à-plats de soleil tombent d'ouvertures dans le toit. (Comment s'étonner que Gauguin, en Martinique puis en Polynésie, ait renouvelé sa palette et la peinture moderne ?)

Un ami, natif de Papara, au sud-ouest de Tahiti, m'emmène ensuite dans un troquet boire un grand bol de café avec des tartines et une assiette de poisson frit, mélange tonique qui me tient éveillé jusqu'au soir. Aux tables autour de nous, des chauffeurs de taxi, des employés de mairie, des dockers. Je n'entends parler que tahitien, et l'accorte serveuse, voyant un popa'a, me tutoie évidemment. Je retrouve avec bonheur dans ses phrases et son sourire ce *R* doucement roulé, ces inflexions chantantes… J'oublie mes rendez-vous de la journée, je me détends, je plaisante avec mes voisins. Je voudrais goûter aux plats que je vois passer : darnes de bonite, nouilles chinoises, steaks de thon, tous bien plus savoureux et revigorants que les petits déjeuners d'hôtel.

Et la cuisine pourrait bien être le meilleur point d'entrée, le plus innocent, le plus généreux, avec ses traditions et influences multiples : le couac guyanais, le fafaru polynésien, le samoussa réunionnais, le colombo de poulet antillais, le bougna kanak, ou le bami qui à Nouméa ou à Saint-Laurent-du-Maroni n'a pas les mêmes saveurs que son aîné indonésien… Chaque plat raconte une histoire, et il faut tendre l'oreille tout autant qu'ouvrir ses narines. Partout se retrouvent le riz, dont je ne me lasse jamais, la fabuleuse variété des poissons, et le piment, où je connais mes limites : la pâte de piment vert réunionnaise ou le bonda-Man-Jacques-marron martiniquais, des Himalayas que je n'ai jamais pu aborder.

Depuis une dizaine d'années, des cuisiniers inventifs tentent des synthèses entre les ressources locales et les recettes internationalement à la mode. Ces brillantes et coûteuses assiettes de restaurant ne suscitent pas le dixième de l'émotion d'une cuisine toute simple, un rougail-saucisses, un crabe farci, une salade de poisson cru, un carré de porc à l'ananas, un bébélé de Marie-Galante ou plus simplement encore un espadon grillé. Comment résister à la tentation en découvrant ici un saumon des dieux, là un tourment d'amour…

Je suis gourmand, je le confesse. D'ailleurs cette énumération ne veut pas faire concurrence à la littérature des offices du tourisme. Elle rend hommage aux montagnes, aux vallées, aux jardins, aux plaines étroites, aux lagons, aux mers libres et à tous les produits qui en viennent. Elle se souvient de voyages au long cours, et pas seulement au travers des épices.

Si j'aime énumérer ces plats et ces saveurs, c'est d'abord par respect envers les générations de mères qui les ont cuisinés et enseignés à leurs filles.

Ces plats sont simples, sans apprêts ni affèteries. Pour les accompagner, une bière !

Chaque île s'enorgueillit d'une brasserie historique, d'une marque qui domine et se retrouve partout, sur les tee-shirts, les parasols, les auvents. Hinano, Lorraine, Dodo, Number One, Corsaire, autant de mots de passe, de signes de reconnaissance. Des marques plus récentes ou importées les concurrencent sans espérer les détrôner.

Mais la boisson de l'outre-mer, c'est le rhum. La filière sucre-rhum explique largement l'histoire des Antilles et de La Réunion, leurs peuplements, l'organisation de leurs espaces, leurs paysages, et pour partie encore leurs économies. C'est au cœur des champs de canne que s'est forgé au fil des générations un sentiment d'identité. Même si les activités se sont largement diversifiées, si l'exode rural a fait son œuvre, si le travail de la terre n'occupe plus qu'une part marginale de la population, voire fait appel à des saisonniers venus d'îles voisines, si les usines sucrières ferment les unes après les autres, cette production reste ancrée dans la mémoire collective. De loin en loin se dressent des tours en brique, d'anciens moulins ayant perdu leurs ailes, leur mécanisme, leur raison d'être, comme des bornes stoppant l'amnésie.

J'ai découvert le rhum en Martinique, et j'ai vite appris qu'un hôte pouvait y proposer n'importe quel rhum martiniquais, mais qu'un rhum guadeloupéen y aurait été objet de scandale. Mon palais s'est formé à savourer les différentes marques, les différents visages — blanc, ambré, vieux, sans oublier le schrub —, à arbitrer de graves questions — avec ou sans glaçon, avec ou sans citron vert, avec du miel ou du sirop de sucre, avec une petite cuillère ou un lélé pour mélanger, avant ou après le champagne… —, à découvrir quelle distillerie me convenait le mieux. Que mes amis guadeloupéens me pardonnent, je connais bien plus mal leurs productions.

Et quand nous sommes rentrés, notre déménagement contenait quelque deux cents bouteilles de rhum. Mais, ô surprise, en métropole, cet alcool n'a plus tout à fait le même goût, il est plus âpre et plus rêche, il lui manque l'air tiède et légèrement salé, la brise tropicale, le coucher de soleil sur la baie, les souvenirs de la baignade, les acras de morue partagés avec les amis et les promesses d'un blaff de poissons qui mijote en cuisine et parfume toute la maison…

Des Antilles, j'avais retenu l'originalité du

process de fabrication inchangé depuis son invention à l'orée du XVIII^e siècle par le révérend père Labat, et entendu quelques moqueries envers le rhum réunionnais, considéré comme plus commun. Ce n'est donc pas sans une certaine prévention que quinze ans plus tard je m'y suis adonné. Que mes amis martiniquais me pardonnent, ce fut bel et bien une infidélité. Mais que mes amis réunionnais me pardonnent tout autant : leur rhum est en effet un peu moins subtil, parfumé, léger que le rhum antillais.

Les Réunionnais ont compensé ce très léger handicap en inventant le rhum arrangé. Un fruit, une herbe ou une orchidée de la forêt, seuls ou en mélange, peuvent être invités à s'endormir quelques semaines dans une bouteille. Ils confèrent alors au rhum sa couleur et une gamme quasi infinie de parfums, selon la fantaisie et les traditions familiales. Les gîtes qui nous accueillaient pour la nuitée pendant nos randonnées proposaient toujours plusieurs déclinaisons de rhums, auxquels il fallait faire honneur au risque de compromettre les performances sportives du lendemain. Et nous avons bientôt imaginé nous-mêmes le nuancier de nos préparations.

Que personne ne se fâche : aux Antilles, la perfection. À La Réunion, l'inventivité.

## *Respirer*

L'air le plus pur sur notre planète serait selon les experts celui de l'île d'Amsterdam, dans les terres Australes, à mi-chemin entre Kerguelen et La Réunion.

Sur le sentier qui part de la base et conduit au bois de phylicas, parmi les ajoncs, face à l'océan désert dont la surface s'irise de vastes dessins éphémères, fier de ce privilège, je hume à pleins poumons cet élixir iodé, aux senteurs des premiers matins du monde.

## *Redouter*

Nous visitions en famille le zoo de Guyane : les volières des oiseaux multicolores ; l'étang solidement grillagé où somnolaient les caïmans noirs du marais de Kaw ; les singes et leurs cabrioles ; les mammifères de la forêt, lointains cousins des marmottes ou des sangliers ; l'allée des vivariums, où des serpents de toutes tailles et couleurs s'enroulaient et se déroulaient.

Je lisais les étiquettes, avec les noms latins et français des reptiles, une brève description de leur habitat et de leur régime alimentaire. Leur impact sur l'homme faisait l'objet d'un crescendo de la terreur qui suivait notre progression, alors que leur taille décroissait : dangereux ; souvent mortel ; mortel en six heures ; mortel en une heure ; mortel en vingt minutes ; mortel en cinq minutes.

La dernière cage portait l'avertissement : mort instantanée. La vitre en était fendue, et un trou béait à l'angle inférieur droit. De serpent à l'intérieur, point.

Était-ce une mauvaise blague du zoo ? Ou le

perfide animal se dissimulait-il au prochain virage, devant cet arbre, sous ce banc, impatient de nous exterminer ? Tous les récits horrifiques que suscite l'immensité du plateau amazonien me revinrent en mémoire. Nous avons continué la promenade sans lâcher la main de notre fille, avec une raisonnable prudence, plaisantant de notre émoi, et pas totalement rassurés quand même.

Oui, outre-mer la faune peut être dangereuse. Les attaques de requins, survenues ces dernières années à La Réunion contre des surfeurs, ont gravement affecté le tourisme. Elles sont récurrentes dans le Pacifique, et moins commentées. La mer recèle d'autres menaces, plus discrètes mais tout aussi graves : les cônes, de si jolis coquillages, les invisibles poissons-pierres dormant dans le sable, les méduses, les raies peuvent piquer et tuer. À terre, selon les îles, pour un inoffensif papillon bleu nuit, combien de serpents, de mouches, de moustiques, de taons, de guêpes, d'araignées, de cafards, de termites, de sangsues, de scorpions ! Et combien encore d'autres vermines inconnues qui volent, rampent, se cachent dans les sols et sous les maisons, peuvent infliger une gamme étendue de punitions, du simple inconfort à des pathologies lourdes voire au trépas ! Tous ceux qui ont découvert une scolopendre dans leur chambre me comprendront.

Et je ne dois pas oublier de mentionner la grande famille des animalcules invisibles et sournois qui, tapis dans l'eau des rivières ou les trompes des moustiques, attendent votre passage pour vous inoculer l'infinie variété des maladies tropicales. Certes, l'état sanitaire de l'outre-mer est à peu près aux standards occidentaux. (Parfois avec un temps de retard. Ainsi ai-je appris bien après notre retour de Martinique que les collectes de sang à la prison de Fort-de-France avaient continué deux années de plus qu'en métropole, malgré un taux bien supérieur de prévalence du sida. Heureusement, nous n'en avons pas eu besoin.) Néanmoins, la bilharziose, la leptospirose, la dengue dans ses différentes formes, et leurs cousins plus récents, chikungunya, H1N1, zika, que sais-je encore, rôdent non loin.

D'où viennent ces désagréments qui affoleront votre intestin ? Ces picotements et ces rougeurs, de quelle origine ? Votre enfant rentrera du jardin avec une piqûre au bras, mais de quel animal ?

Comme si cela ne suffisait pas, la nature y ajoute ses colères et son lot de dévastations, avec les cyclones, les inondations, les glissements de terrain, les tsunamis et les éruptions volcaniques, dont Saint-Pierre, en Martinique, porte pour toujours les stigmates.

Mince consolation : pas de risque d'avalanche.

Si vous trouvez que décidément l'outre-mer c'est trop dangereux, n'y allez pas.

## *Discourir*

Ce samedi matin de février 2001, j'étais passé prendre le café chez des amis. Une voiture surmontée d'une sono aussi grosse qu'elle patrouillait lentement, arrosant tout son voisinage d'une alternance de chansons à la mode et de slogans où s'époumonait un militant surexcité. À qui l'aurait oublié — mais il aurait fallu être sourd — les élections municipales approchaient, la campagne battait son plein sans répit. Notre conversation s'interrompit, car on ne s'entendait plus. Alors, presque devant le jardin où nous nous trouvions, les haut-parleurs tressautèrent dans le crescendo d'une proclamation ultime : qu'on se le dise, que nul n'en ignore, ce candidat « était une chance pour la commune, était une chance pour La Réunion, était une chance pour la France, était une chance pour l'humanité ! ».

Je restai brièvement pantois. Les deux premières propositions pouvaient se discuter à l'infini. La troisième et en tout cas la quatrième me semblaient quelque peu exagérées.

Après un éclat de rire général devant pareille outrance, et alors que le bruyant véhicule poursuivait sa course et allait casser les oreilles des riverains un peu plus loin, nous avons repris notre discussion pour savoir si notre prochaine randonnée se déroulerait dans le camaïeu de vert du cirque de Mafate ou le camaïeu de noir du piton de la Fournaise.

Ce banal épisode m'est resté en mémoire. Peu importent les excès rhétoriques. Rien ne donne mieux à voir l'une des singularités de l'outre-mer : non seulement le goût de la politique et du débat public, comme autour de la Méditerranée, mais surtout le poids de la politique.

Il ne faut jamais oublier que ces sociétés sont nées de choix stratégiques — les conquêtes coloniales, les guerres et les traités en Europe. Elles ont grandi selon des arbitrages rendus ailleurs — l'esclavage, le bagne, l'importation de main-d'œuvre. Elles ont été et sont encore façonnées pour partie par des décisions qui n'émanent pas d'elles.

Dans la plupart des groupes humains, la société précède l'État. En ces îles, l'État a créé la société, et souvent avec brutalité. Même rebelle, celle-ci ne peut que se tourner vers son auteur.

À cette donne de départ s'ajoute la faiblesse des initiatives privées. Les économies sont plus administrées et plus fonctionnarisées que dans l'Hexagone. L'action publique dispense les protections, les emplois, les subventions, les monopoles et les situations de rente. Conquérir une position officielle est donc un enjeu de pouvoir autrement plus vital qu'en province. Il n'y a pas beaucoup d'autres solutions pour exister et être vu que d'occuper une fonction élective, puis de la conserver à tout prix. Les joutes électorales y sont d'une intensité et d'un lyrisme inconnus sous des climats plus tempérés. La violence qui y régnait souvent n'a pas entièrement disparu.

Oui, en permanence, aujourd'hui comme hier, ces sociétés sont travaillées par une interrogation sur la nature de leurs liens avec l'Hexagone. Les expressions publiques ne cessent, quels que soient leurs formes et leurs projets, d'y faire écho.

Chaque outre-mer a son double qui lui rappelle ce qu'aurait pu être son destin : le Surinam pour la Guyane, le Vanuatu pour la Nouvelle-Calédonie, Sainte-Lucie pour la Martinique, les Comores pour Mayotte, Maurice pour La Réunion, Tonga pour Wallis, la Dominique pour la Guadeloupe, les îles Cook pour la Polynésie française. Tous visiblement moins développés, et pour certains pourvoyeurs d'immigration illégale, ils rappellent au principe de réalité et soulignent à leur corps défendant que la solidarité de la métropole et de l'Europe avec l'outre-mer n'est pas un vain mot. Chacun d'eux murmure à son voisin français que son histoire a divorcé d'avec sa géographie.

Lors de mon premier passage à Wallis, le préfet termina son discours par la formule : « Vive le roi, vive la République ! » Selon l'usage local, il rendait hommage au Lavelua, le roi de Wallis dont le rôle officiel est reconnu par la loi française. Pour moi, qui n'avais encore jamais entendu cet oxymore conclusif, ce fut comme une révélation. Je découvrais que cette plasticité de Marianne n'est pas une étrangeté, encore moins une concession du bout des lèvres : elle est sa nature même. C'est parce que la République est forte et diverse qu'à Wallis elle ose dire « Vive le roi »...

Tous les discours politiques, où qu'ils soient tenus, ont en commun le poids du passé. Comme un socle, un point de départ et d'arrivée. Pour les Mahorais, les Indiens de la forêt et les peuples du Pacifique, il faut célébrer le mode de vie d'avant l'arrivée des Européens, source nécessaire et mythique de leur existence. Pour les Antillais, les Guyanais, les Réunionnais, il faut se souvenir chaque jour de la traite négrière et de l'esclavage.

Ces histoires douloureuses touchent à la constitution même de ces sociétés, qui en les dénonçant dénoncent les causes de leur naissance. Alors la parole se tourne contre l'auteur de leurs jours, c'est-à-dire contre l'État, responsable idéal, pérenne, amnésique et lointain. Il lui est reproché partout et constamment, sur le fondement d'une créance impossible à solder, de ne pas faire assez, en termes de finances, de services publics, de mémoire, de libertés locales… Et que peuvent répondre un préfet ou un ministre, sommés en permanence de justifier des décisions de Louis XIV ou de Napoléon III ?

La complexité de ces îles requiert de faire sans cesse la pédagogie de leur peuplement, car rien ne peut se construire sur l'amnésie. Fêtes, musées, monuments, chansons, noms de rues en ravivent en permanence le souvenir. (Et on sait à quelles catastrophes peut conduire l'affrontement de deux histoires antagonistes pour une même terre.) Mais à trop convoquer le passé, il peut se révéler une contrainte, voire un enfermement.

Comme le disait admirablement Jean-Marie Tjibaou à ses frères kanak : « Notre identité, elle est devant nous. »

La France donc, parce que tel est le legs de l'histoire. Mais avec le plus de responsabilités possible aux autorités locales, tous les transferts de compétence et de pouvoir, et le moins de contrôles possible. Il est tellement facile de dénoncer l'illégitimité des contre-pouvoirs — le représentant de l'État, l'autorité judiciaire… —, ignorants des réalités locales.

Il est aussi tellement confortable de s'arrêter à un postulat : la France a des intérêts outre-mer. Lesquels ? Économiques, militaires, démographiques, impériaux… À vrai dire peu importe, il faut qu'il y en ait. Les réponses officielles ne les détournent pas de cette illusion qu'ils se donnent. Et par la suite tout devient plus facile. Si la France a des intérêts, il est logique qu'elle les défende, voire qu'elle paye pour les garantir.

Un tel point de départ conforte une vision inégalitaire au lieu de la dépasser. Quel homme d'État osera proclamer que la France n'a pas d'intérêts outre-mer, seulement des responsabilités ?

De là, plutôt que de gloser sur la contrepartie légitime des intérêts cachés — d'autant plus importants qu'ils sont mieux cachés — de la puissance tutélaire, mieux vaudrait débattre sereinement du sens des responsabilités, qui doit être également partagé sur quelque rive que l'on se trouve.

Du coup, faute d'avoir été suffisamment clair sur les principes mêmes qui fondent son rôle et guident ses actes, l'État se retrouve dans l'inconfortable position du bouc émissaire. Quelle que soit la répartition des compétences, l'appel au pouvoir central, la manifestation devant les grilles de la préfecture ou du haut-commissariat, la revendication du respect des spécificités font recette. (Ah, la spécificité ! Quelle belle idée ! Une sorte de couteau suisse de la pensée politique, que l'on peut utiliser dans toutes les situations et accommoder à toutes les sauces ; une armure magique, que nulle flèche ne peut traverser ; un joker, qui se veut plus fort que toutes les logiques, et permet d'éviter l'autocritique ou l'introspection.)

Régulièrement se produisent ici ou là des explosions sociales parfois violentes, où l'opinion publique hexagonale ne voit qu'ingratitude et manipulations, quand les intéressés crient leur colère, leur besoin de reconnaissance, l'affirmation de leur dignité.

La faute de l'État, donc. Soit, admettons, au moins en partie. Mais pour le surplus ? Ces sociétés ont bien une part de responsabilité dans les problèmes qui les travaillent et les défis qu'elles affrontent — on ne peut quand même pas imaginer qu'elles en soient exonérées absolument et pour toujours.

Pour le surplus ? Des partis politiques, branches locales des grands partis nationaux ou plus souvent autonomes, avancent leurs propositions. Laissons-les en débattre. Je déconseille vivement à tout métro de s'y risquer, même à voix basse. Quoi qu'il dise, quelque pertinent que soit son point de vue, il sera dans l'instant récusé avec vigueur, surtout s'il a raison.

Jamais aucun métro ne s'est fait élire outre-mer, à l'exception de Michel Debré à La Réunion, mais il était Premier ministre du général de Gaulle, et de Jean-François Hory à Mayotte qui en 1981 cherchait désespérément un avocat de sa cause.

Des hommes politiques ultramarins occupent depuis longtemps de hautes fonctions d'État :

deux Premiers ministres réunionnais, M. de Villèle sous le roi Louis XVIII et Raymond Barre sous le président Giscard d'Estaing ; le Guyanais Gaston Monnerville président du Sénat sous la IV^e République. De nombreux gouvernements ont fait appel aux talents de ministres calédonien, guadeloupéens, polynésien, réunionnais, guyanais, pour différents portefeuilles.

Depuis une quinzaine d'années, le ministère de l'Outre-mer est lui-même tenu par un ultramarin, élu en Guadeloupe, à La Réunion ou à Saint-Pierre-et-Miquelon. Cette option — comme si le ministre de la Défense devait toujours être un général et le ministre de la Santé un médecin ! — semble logique, vue depuis Paris où toutes ces îles se ressemblent. Elle tend un piège au titulaire du poste, qui doit démontrer en permanence qu'il tient la balance égale entre toutes, sans favoriser la sienne. Plus insidieusement, il doit ignorer la grille de lecture que lui proposent son histoire et sa culture pour appréhender pleinement les enjeux de chacune.

Je m'astreins donc à ne rien dire des luttes et des enjeux qui travaillent ces sociétés.

Je n'ai jamais oublié cette discussion de 1998 avec un ami calédonien. Dans son salon, je défendais l'accord de Nouméa avec une parfaite rationalité, enchaînant arguments juridiques, considérations sur les rapports de forces électoraux et rappels historiques. Il me laissa développer mon point de vue, soupira, et détruisit d'une seule phrase ma construction : « Tu ne peux pas comprendre, toi qui n'as pas ici toute ta famille et tous tes biens. » Il avait raison, bien sûr, et je me tus. Je ne pouvais pas le convaincre, et d'un coup je n'en éprouvai plus l'envie.

Quoi que j'exprime, cet argument d'autorité me clouera le bec. Je n'ai ni mandat ni légitimité pour discourir sur ce qui ne va pas et sur ce qu'il convient de faire outre-mer, et j'en suis bien aise. Nul ne peut me sommer de me justifier et de me défendre. Il y a bien des sujets sur lesquels je n'ai pas d'idée. Ce petit éloge ne se prétend pas un traité exhaustif. Je m'abstiendrai de commentaires informés sur l'éducation, l'économie, l'aménagement du territoire, la délinquance, les transports, la fiscalité, et que sais-je encore. Les polémiques ne m'attirent pas.

Je souhaite seulement saluer la place des femmes. Elles sont entrées en politique avec une énergie confondante et une fermeté indomptable que leurs collègues masculins n'ont pas toujours montrées : la Mahoraise Zena M'Déré, figure de proue du maintien dans la France ; la Guadeloupéenne Lucette Michaux-Chevry, ministre des gouvernements Chirac puis Balladur, la Guyanaise Christiane Taubira, garde des Sceaux de François Hollande, ainsi que la Polynésienne Louise Peltzer et la Kanak Déwé Gorodey, membres des gouvernements locaux respectifs, chargées l'une comme l'autre de la Culture. Je dois aussi mentionner une présidente du gouvernement de Nouvelle-Calédonie, des présidentes du conseil régional de La Réunion et de la Guadeloupe, une présidente du conseil général de La Réunion, une députée-maire de Nouméa et tant d'autres femmes, dans toutes les fonctions électives, dans les syndicats, les associations…

J'ai appris, en Nouvelle-Calédonie, l'importance de la parole, et la nécessité d'être légitime avant de s'exprimer. En conséquence, je choisis, relativement à la chose politique, le silence.

## *Porter*

L'outre-mer me colle à la peau.

Sous la peau. Au soir de ma vie, je risque de voir mes bras, mes jambes, mon torse se taveler de petites taches brunes. Quoique brun et méditerranéen, mon corps se vengera des milliards de piqûres du soleil que je lui ai infligées pendant mes années sous les tropiques. Ce n'est pourtant pas faute de l'avoir protégé de mon mieux, avec des manches longues, des crèmes, l'ombre des arbres ou des maisons. Mais qui peut résister à l'inépuisable énergie de ces rayons tombant à la verticale ? Ma prudence m'a protégé des insolations et des brûlures, pas du vieillissement anticipé. Lorsque viendront ces discrètes meurtrissures sans appel, je sourirai néanmoins, car j'attribuerai à chacune d'elles le nom d'une plage ou d'un sentier, loin là-bas, dans le bruissement des palmiers et des filaos. Ouvéa jouxtera la pointe des Châteaux, et Manapany s'ouvrira entre les îles du Salut et Bora Bora. Et si en outre la mémoire doit s'effacer, m'abandonner peu à peu, j'espère que cette cartographie-là résistera au naufrage.

Sur la peau. Une fine cicatrice à la rotule droite témoigne d'une ascension de la montagne Pelée. Un moment d'inattention à la descente, une pierre pointue, et me voilà par terre, le genou en sang. Rien de grave, cinq minutes plus tard j'étais reparti sans boiter ni souffrir. Désormais je suis marqué dans ma chair, et le seul à savoir que ce petit trait à peine visible me relie à la Martinique. Comme un tatouage ton sur ton. Ce stigmate dont le sens est caché m'accompagnera jusqu'à la tombe.

À même la peau. Depuis trente ans, je porte au cou une pépite de la taille et de la forme d'une amande. Finement irrégulière, elle tient prisonniers deux minuscules éclats de roche, blancs, qui font ressortir sa texture dorée.

À qui m'interroge, je raconte volontiers comment en Guyane j'ai pendant trois jours joué à l'orpailleur, à genoux dans la boue d'un affluent de l'Approuague, faisant inlassablement tourner ma batée. Dans le flot continu de graviers, au fond de mon récipient tronconique en métal que je remuais aussi régulièrement que possible, bien trop rarement, une infime poussière d'or, aussitôt récupérée et rangée dans un petit tube en verre. Bien moins d'un gramme la première et la deuxième journée, à peine de quoi me payer une bière…

Malgré la chaleur accablante, le passage des heures était rythmé comme un sablier par l'espoir de l'heureuse surprise, toujours renouvelé et toujours déçu. N'était-ce pas là une pertinente métaphore de toute existence humaine ?

Et le troisième jour… Non. Ma pépite vient d'un bijoutier de Cayenne.

Jamais je n'ai laissé l'imposture aller jusqu'à son terme. Avec une honnête cruauté, en quelques mots, je ramenais ma victime à la réalité. Pendant un instant, elle avait rêvé d'une terre admirable où à genoux dans la rivière on peut ramasser de l'or à pleines mains. Et sans pitié, moi qui m'enorgueillis de savoir raconter des histoires, je l'arrachais à un Eldorado rêvé pour la ramener au seuil d'une boutique.

## *Inverser*

Pour comprendre vraiment l'outre-mer aujourd'hui, je veux dire chacune des composantes de l'outre-mer dans ses singularités, il faudrait pouvoir se mettre dans la tête d'un jeune né là-bas, regarder son île et le monde avec ses yeux, partager ses étonnements, ses espoirs et ses doutes.

Mais quoi ? On est toujours l'outre-mer de quelqu'un. Par une impossible fiction, je préfère chambouler les perspectives, inverser le centre et les périphéries.

*Voyez ce jeune métro qui va au lycée. La plupart des enseignants, antillais ou réunionnais, veulent aider la métropole à rattraper son retard de développement. Ils insistent sur la maîtrise du créole à l'écrit et à l'oral — c'est bien joli, le français, avec ses proverbes pittoresques, mais tu le laisses à la maison. Son oncle et sa tante ont dû quitter Bordeaux pour trouver du travail à Fort-de-France, lui chauffeur de bus, elle infirmière, réitérant sans trop y croire des vœux de mutation pour rentrer au pays, ou sinon ce sera pour la retraite. Il est allé les voir là-bas l'an dernier, et a eu la surprise d'entendre sur les radios nationales, parmi les flots de ragga, de maloya, de kaneka, de valses tahitiennes, parfois des bourrées et des gavottes.*

*À longueur de pages, les journaux parlent nickel, bananes, fusées, perles noires, jamais de ce qui se passe en milieu tempéré, sauf pour une avalanche spectaculaire, ou pour le jubilé d'un footballeur auvergnat. Les hommes politiques ne débattent que d'économie tropicale, certains ajoutant à la fin des discours « sans oublier nos compatriotes de métropole, bien sûr ». L'ensemble du gouvernement est ultramarin, hormis un secrétaire d'État charentais, délégué à la Francophonie, et un ministre de l'Hexagone, bourguignon d'origine, mais né à Basse-Terre.*

*S'il réussit bien dans ses études, il espère obtenir une bourse pour l'une des prestigieuses universités des Antilles, et ensuite sans doute devra-t-il faire carrière là-bas, si loin de son village natal. Parfois on le regardera de travers, en raison de la couleur blanche de sa peau, de ses cheveux qui ne bouclent pas, mais tous les ultramarins ne sont pas racistes, il le sait bien. Et de toute façon, que faire d'autre ? Son frère aîné est au chômage. Sa sœur espère se faire épouser par un militaire de passage qui la ramènera dans son île. Certains de ses amis militent pour l'indépendance de l'Hexagone, et leur slogan — « pauvres mais libres » — l'attire et l'inquiète à la fois.*

Cette accumulation de clichés pourra faire grincer quelques dents ? Tant pis.

La réalité est plus cruelle que cette facile faribole.

Elle peut prendre le visage de ces quelque deux mille enfants de La Réunion, qui dans les années 1960 furent arrachés à leurs familles trop nombreuses et trop misérables pour être adoptés en métropole, dans des départements à la population déclinante, notamment la Creuse. Ces vols officiels d'enfants furent conduits avec la même brutalité et la même bonne conscience que ceux pratiqués en Australie et au Canada envers des familles aborigènes ou amérindiennes — et avec les mêmes traumatismes indépassables. L'enlèvement de ces *marmailles* — j'emploie à dessein ce joli mot de créole réunionnais — comme un écho assourdi et inversé, au temps du gaullisme triomphant, à la traite négrière : le même cynisme à disposer du corps d'autrui.

Comme si, au terme du processus de colonisation, un flux inverse pouvait être imposé.

Moins violente évidemment, la situation des ultramarins de métropole. Une sorte de confrérie discrète, où chacun cotise pour être enterré au pays. (Me revient en cet instant le souvenir de cette permanence du samedi en Martinique, où la police de l'aéroport m'alerta : une famille éplorée, puis furieuse, attendait le corps d'un cousin mort à Paris ; or je ne sais quelle formalité ne pouvait être accomplie, le guichet ad hoc ne rouvrant que le lundi ; pour éviter une bagarre générale, ou la décomposition de la dépouille pendant deux jours dans un hangar à bagages non climatisé, je commis un abus de pouvoir caractérisé : j'ordonnai la livraison immédiate du cercueil.)

Les originaires, comme on dit parfois, se rassemblent selon leur île d'origine, mettant temporairement de côté tout ce qui pourrait les opposer. Ils essaient d'y vivre par procuration, à travers la musique, la cuisine, les élections, les nouvelles des proches et de tel club de football idolâtré. Mais puisque l'outre-mer n'existe pas, il est rare qu'une solidarité entre ultramarins d'îles différentes apparaisse spontanément, hors de tel ou tel combat ponctuel où des alliances tactiques peuvent se nouer.

Se sentir ultramarin, et non martiniquais, wallisien ou réunionnais, c'est avoir basculé du côté de la métropole, perdre ce lien immédiat avec la terre d'origine de ses parents ou de ses grands-parents. Ne la connaître plus que comme destination de vacances. Avoir au moins en partie renié ses racines. Et devenir ce que l'on désigne parfois d'un terme affreux : négropolitain.

(Si le mot n'est pas employé, les Wallisiens et Futuniens qui vivent dans le grand Nouméa depuis deux voire trois générations subissent un identique déni de légitimité de la part de leurs cousins restés dans leurs îles d'origine, au demeurant moins nombreux.)

## *Prier*

J'ai pleuré, au Vieux Temple de Nouméa, aux obsèques d'un homme que je respectais et admirais — que je respecte et admire toujours. Et dans ma tristesse, les chants de deuil de femmes wallisiennes puis de femmes kanak m'ont apporté ce qu'il me fallait de paix et d'espérance pour continuer sur le chemin qu'il avait indiqué.

La religion est plus présente outre-mer qu'en métropole. L'Église catholique a suivi, et parfois précédé, l'expansion coloniale. De la cathédrale de Pointe-à-Pitre, avec sa charpente métallique digne d'Eiffel, aux imposantes églises de l'archipel des Gambier, des 'ti-bon-Dieu colorés qui abondent dans le moindre hameau réunionnais aux chapelles délavées par la pluie de la côte est calédonienne, presque partout les édifices catholiques marquent le paysage — à l'exception de Mayotte, terre d'islam, où la discrète chapelle de Petite-Terre, toute blanche, n'a pas de clocher.

Le culte protestant est bien implanté en Polynésie française et en Nouvelle-Calédonie. Il côtoie depuis peu l'arrivée d'églises évangéliques inspirées des États-Unis. À Mayotte se joue l'un des visages du dialogue entre l'islam et la République. À La Réunion, les temples hindous aux statues colorées se déploient sur fond de champs de cannes. Les rites africains se devinent encore dans certaines attitudes ou superstitions. Des temples chinois se dressent à Nouméa comme à Papeete.

Oui, le sentiment religieux marque en profondeur les comportements et en fournit quelques clefs. Ignorer cette facette des identités conduit à des incompréhensions, voire à de graves malentendus. Acceptons d'être émus par ces aspects de la vie quotidienne : les femmes en capeline blanche à la sortie de l'église en Polynésie, l'appel à la prière tombant du minaret de la grande mosquée sur le centre-ville de Saint-Denis, les cantiques en langue kanak lors du culte, les cimetières repeints à neuf à la Toussaint aux Antilles, la prière publique par laquelle débute chacune des sessions de l'assemblée territoriale de Wallis-et-Futuna… Comment ne pas remarquer aussi que les différents cultes se côtoient sans animosité…

(Hormis aux Antilles et à La Réunion, la loi de séparation de 1905 n'est pas applicable. Et pourtant, lorsqu'il fallut sur fonds publics acquérir une cloche pour la chapelle de Kerguelen, le comptable parfaitement laïc refusa. Il ne céda qu'en apprenant que ce tintement répété pourrait guider des hivernants perdus dans le brouillard. Pieux mensonge…)

C'est à Futuna que j'ai rencontré le monument le plus extraordinaire : la basilique Saint-Pierre-Chanel. Le missionnaire mariste qui lui donne son nom, originaire d'un humble village de Bresse, arriva à Futuna en décembre 1837. Il apprit la langue et commença à évangéliser les habitants. Le roi local vit d'un mauvais œil que ses sujets fassent allégeance à une autre souveraineté que la sienne. Alors que son fils venait de recevoir le baptême, il fit, le 28 avril 1841, assassiner le père Chanel et, selon certaines sources, un rituel anthropophagique eut lieu. Peu de temps après, pourtant, la totalité des habitants de l'île se convertirent.

Pierre Chanel a été canonisé et proclamé saint patron de l'Océanie. Son sang versé l'enracine pour toujours dans le Pacifique. Chaque famille futunienne porte à la fois le poids de sa mort et l'orgueil d'avoir hébergé son apostolat. En son foyer, elle se doit d'honorer son portrait, quasiment une icône, entouré de fleurs, de colliers de coquillages, et si possible d'une petite Vierge Marie en plastique bleu emplie d'eau de Lourdes. Chanel là-bas, n'en déplaise aux passionnées de haute couture, est un prénom fréquemment porté par des colosses tatoués d'un quintal et demi.

À Poi, dans une partie déserte de la côte nord, au lieu exact de son martyre se dresse une construction monumentale en blocs de corail. Sur une plateforme dominant l'océan vide, elle se signale par une haute tour carrée, qui à son sommet se rétrécit par trois fois pour porter vers le ciel une croix dorée. Cette tour est rythmée par trois auvents qui la débordent un peu, et soutiennent dans les angles d'autres croix plantées en biais. La base, beaucoup plus étendue, est percée de cinq larges portes donnant sur un parvis ceinturé d'escaliers. Tout autour une pelouse, et des *falé* — un toit, quatre poteaux — pour procurer de l'ombre aux pèlerins les jours de cérémonie. Les bords de la tour et le premier niveau sont peints de bandes verticales d'un bleu-vert bien pâle. Tout le reste est blanc, immaculé.

Un architecte dirait que cette tour massive ressemble à un minaret marocain, et cette succession de niveaux en encorbellements et décrochements à un temple khmer. Il resterait perplexe devant cette bichromie naïve.

La basilique peut contenir aisément la totalité de la population de Futuna, qui compte bien d'autres églises. La brise y est douce et le soleil ardent, malgré les lourds nuages qui menacent. Aucune tristesse en ce lieu. Une beauté sourde et mélancolique émane de ce site trop grand. Pas un bruit.

Lors des grand-messes solennelles, les guerriers entrent, les cheveux longs noués en chignon, torse nu, la peau luisante d'huile de coco, arborant une jupe de palmes tressées et des colliers de fleurs. Ils portent des lances et remontent la nef en dansant, derrière leur chef présentant la Bible à bout de bras, pour aller déposer une longue guirlande de fleurs et de feuillages sur l'autel.

Plus d'un siècle et demi après le martyre de saint Pierre Chanel, la parole qu'il a apportée jusqu'ici résonne avec la même intensité : « Allez, faites de toutes les nations des disciples, les baptisant au nom du Père, du Fils et du Saint-Esprit et enseignez-leur à observer tout ce que je vous ai prescrit. Et voici, je suis avec vous tous les jours, jusqu'à la fin du monde » (Mt 28, 19-20). Est-on plus proche de Dieu quand on est plus proche de l'équateur ?

## *Servir*

Avec la fin du service militaire et la réduction des effectifs, les forces armées semblaient avoir disparu de métropole. Outre-mer, elles sont partout présentes, visibles, appréciées. Elles retrouvent et sauvent les pêcheurs et les plaisanciers perdus en mer ; elles portent secours aux victimes de catastrophes naturelles, y compris dans les pays de la zone ; elles forment, dans leurs différentes composantes et notamment le SMA — service militaire adapté —, à de nombreux métiers.

Les populations d'outre-mer n'ont pas oublié le passé : Papeete bombardée par la flotte allemande en 1915 ; Saint-Pierre-et-Miquelon et la Nouvelle-Calédonie fiers d'avoir choisi parmi les tout premiers la France libre ; Kerguelen même, alors déserte, et qui fut utilisée par les corsaires allemands en 1941 comme base de rendez-vous et de repos. (La France y entretient la tombe de guerre la plus au sud de la planète, celle du matelot Hermann, victime d'une chute depuis la mâture.) Dans les deux conflits mondiaux, les contingents d'outre-mer ont pris toute leur part du fardeau. Les anciens combattants de l'un puis de l'autre ont joué un rôle important dans l'évolution et la modernisation de ces sociétés.

De nos jours, les demandes d'engagement dépassent les besoins réels. Moins individualistes qu'en métropole, les jeunes gens et les jeunes filles ainsi attirés recherchent à la fois une première expérience professionnelle, une occasion de voir du pays, une ambiance sportive, une vie en collectivité, un rite de passage vers l'âge adulte. Certains y font de belles carrières. Il n'est guère de régiment français qui ne compte au moins un ultramarin dans ses rangs. Et lorsqu'un soldat tombe en opération extérieure et que la nation entière lui rend hommage, je remarque souvent un nom d'outre-mer.

## *Compter*

Les économies de l'outre-mer ont longtemps vécu dans l'euphorie d'un cycle, ou dans l'attente du suivant. Le tabac, le santal, la morue, le coton, le cobalt, la vanille, le café, le sucre, le nickel ont brillé au firmament avant qu'un parasite, un cyclone, une chute des cours ou l'émergence d'un concurrent mieux placé ne tue les espoirs mis en eux. Même Saint-Pierre-et-Miquelon eut son heure de gloire, au temps de la prohibition, lorsque Al Capone et ses épigones avaient fait du petit port français un gigantesque entrepôt de stockage pour les alcools en attente de livraison frauduleuse vers des plages discrètes de Nouvelle-Angleterre.

Depuis un demi-siècle, le flux le plus constant est celui de l'argent public, via les salaires des fonctionnaires, les travaux d'infrastructure et les dépenses de solidarité. L'industrie ne peut se développer, avec un coût de main-d'œuvre trop important et un marché intérieur trop étroit. La Nouvelle-Calédonie, fière maintenant de ses trois usines métallurgiques, tente une aventure de développement inédite, directement exposée au marché mondial. Même là persiste une économie de comptoir et de rente.

Les îles exploitent leurs ressources naturelles. En mer, la pêche côtière ou hauturière ; sur les côtes, le tourisme, la perle noire, la crevette ; à terre, la banane et la filière sucre-rhum ; sous terre, l'or, le nickel ; en l'air, le spatial.

Alors retentit la question qui, pour beaucoup de Français, résume tout : l'outre-mer, ça ne nous rapporte presque rien, et combien ça nous coûte ?

Jamais les habitants de la Corrèze ou de l'Ariège ne sont sommés de la sorte. Jamais le fait que les ultramarins sont plus pauvres que les métropolitains n'est mis en exergue. Dans une approche étroitement comptable, on demande, en fait, aux outre-mers de se justifier, ou de s'excuser. Qu'ils s'y refusent !

La France n'est pas une holding dont chaque élément devrait justifier de sa rentabilité. Une collection de centres de profit. En tout cas ce n'est pas l'idée que je me fais de mon pays.

## *Défricher*

Il existe une littérature antillaise, guyanaise, réunionnaise, et plus récemment calédonienne et polynésienne. Il n'existe pas de littérature de l'outre-mer.

Tout écrivain, tout poète solidement ancré dans son coin de terre tend à atteindre l'universel. Or l'outre-mer est une abstraction, une construction volontaire, jamais une réalité sensible. En un certain sens, personne n'y a jamais vécu, souffert, aimé, pleuré. Comment cette absence, ce déficit d'émotions pourraient-ils nourrir l'inspiration de quiconque ?

Hormis des tombereaux de rapports administratifs que personne ne lit jamais, ce petit éloge constitue à lui tout seul l'entier corpus de la littérature dédiée à l'outre-mer.

## *Choisir*

Le point commun de tous les outre-mers, c'est la présence des métros.

Par essence, le métro incarne un rôle positif, lui qui est supposé apporter la santé, les connaissances, les modes, l'ouverture au monde et je ne sais quoi encore. À son insu, du fait de l'histoire et malgré qu'il en ait, une mission l'investit, le transcende et a vocation à rayonner bien au-delà de sa personne. Tout ce qui vient de métropole doit répondre à des attentes hors de proportions. C'est le syndrome de la goyave de France, nécessairement meilleure que celle du pays, et peu importe qu'aucune goyave ne pousse dans l'Hexagone. Les comportements et les propos du métro sont discrètement remarqués, analysés, commentés, et parfois dans son dos imités.

Au quotidien, nul ne peut être à la hauteur de pareille exigence et, du coup, l'ultramarin, au fond toujours un peu déçu, se moque de la naïveté du métro, de ses ignorances et de ses certitudes, de ses coups de soleil et de ses faiblesses. Les manipulations et les revendications deviennent possibles. La relation dissymétrique entre la métropole et l'outre-mer ne peut pas s'incarner dans les personnes. J'ai compris ce sentiment, voire ce ressentiment, un matin à l'aéroport, accueillant un conseiller ministériel dont la première phrase fut : « Moi, la Nouvelle-Calédonie, je vais vous expliquer… » Mes deux ans de présence me firent ressentir comme une insulte cette morgue et cette discourtoisie. Car bien sûr le métro installé regarde avec condescendance son compatriote à moindre ancienneté.

Si, en outre, le métro débarque les mains vides et la tête creuse, s'il vient grossir la cohorte des chômeurs, si rien ne justifie sa présence, son inutilité le discrédite.

Dans tous les cas, qu'il ne s'avise pas de critiquer les locaux ! Aucune faute de goût n'est plus impardonnable. La paisible Saint-Pierre-et-Miquelon l'a illustré il y a quelques années. Un médecin métro avait griffonné trois phrases vengeresses au sujet des natifs, et les avait oubliées dans un magazine. Celui-ci s'est retrouvé un an plus tard dans la salle d'attente, un patient a découvert ce mouvement d'humeur manuscrit et l'a fait connaître : le soir même, une foule déchaînée envahissait le cabinet, et le praticien n'a dû son salut qu'à une immédiate exfiltration sous la protection des gendarmes vers l'aérodrome et le Canada…

De même qu'il est malséant de critiquer la

décoration ou l'architecture de la maison des amis qui vous invitent à dîner, outre-mer il est blessant d'exprimer à haute voix une opinion critique. Surtout si elle est fondée.

Partir outre-mer, c'est encore choisir un déséquilibre, prendre un risque.

Sous l'Ancien Régime, les jeunes nobles trop dissipés étaient envoyés se faire oublier dans les îles à sucre. Aujourd'hui, nul n'est ainsi contraint.

Qu'espèrent donc ces milliers de cadres du privé et de fonctionnaires — enseignants, gendarmes, médecins, militaires... — qui optent pour des séjours là-bas ? L'aventure d'un autre climat ; l'attrait des primes ; la rupture avec toute routine ; le défi du dépaysement ; parfois la fuite d'une situation personnelle ou professionnelle ; l'ambition de contribuer au développement ; le goût des voyages et de l'inédit... Tout cela à la fois, mêlé dans des proportions variables, dans une maturation longue ou sur un coup de tête, comme un saut dans le vide avec pour parachute l'assurance du retour. La demande faite sur un formulaire, l'attente de la réponse, l'enchantement et les promesses de noms mystérieux et sonores — Huahine, Morne-à-l'Eau, Hihifo, Cilaos, Maripasoula, Grand-Rivière, M'Tsamboro, Grand-Case, Ponerihouen... —, les préparatifs du déménagement, l'avion... le choc à l'arrivée.

Et parfois la déconvenue. La brousse calédonienne, la forêt guyanaise, les villages mahorais, les royaumes de Futuna, les atolls des Tuamotu sont encore marqués par l'isolement, la chaleur lourde, les moustiques, les difficultés pour se loger, s'approvisionner, se distraire, se soigner, difficultés que compensent, ou pas, c'est selon, l'accueil des autochtones et la beauté des paysages.

Même dans les grandes villes d'outre-mer, où la vie peut sembler insuffisamment exotique, avec tout ce qu'il faut de cinémas, de magasins franchisés et de supermarchés, nul ne peut savoir à l'avance comment il réagira à l'éloignement, au climat, à la diversité culturelle, à ce sentiment pernicieux d'étrangeté en son propre pays. Dans un contexte en apparence moins abrasif, cette expérience de la distance peut se révéler subtilement plus radicale, car prenant à rebours, défenses abaissées. Quant aux plages tropicales bercées par l'alizé, auxquelles on a tant rêvé, elles existent, certes, mais sauf à Nouméa sont éloignées des chefs-lieux.

Choisir l'outre-mer, ce n'est pas s'ouvrir à de nouveaux horizons, mais s'éprouver à leur contact. Les enthousiasmes s'y émoussent, les fêlures muent en dépression, les fragilités du couple provoquent des divorces.

Souvent toutefois, le plus souvent, cette rencontre se révèle un éblouissement, pour peu que l'arrivant se déleste de ses idées préconçues et accepte d'entrer de plain-pied, avec sourire et humilité, dans une réalité autre, qui lui restera toujours pour partie indéchiffrable. Comme en amour, dans une telle rencontre, qui peut prédire, qui peut expliquer ?

Pour faire écho au début d'*Anna Karénine* : en matière d'affectation outre-mer, tous les échecs se ressemblent, toutes les réussites sont des réussites chacune à leur manière.

Choisir l'outre-mer, c'est aussi accepter par avance le risque de ne pas être présent aux côtés des siens pour une naissance ou un décès. Lorsque survient un tel événement, l'éloigné paye au prix fort son éloignement.

À plusieurs reprises, j'ai réitéré ce choix. Sans lui demander son avis — mais que peut-on répondre à une proposition de plonger dans l'inconnu ? —, j'ai imposé à ma femme d'aller vivre au Marin, à Nouméa, aux Avirons, loin de sa famille, de devoir s'y faire de nouveaux amis, de nouvelles habitudes. Étonnamment, elle ne m'en a pas voulu. Je lui en sais gré.

Mes filles ont découvert l'école en milieu créole. Elles ont nagé avec les tortues à Mayotte et à Lifou, randonné sur les flancs de la montagne Pelée et du piton de la Fournaise. Elles se sont promenées parmi les manchots royaux et les éléphants de mer sur les plages de Kerguelen. Elles connaissent la forme de la fleur de bananier, l'incendie des flamboyants, les silhouettes dégingandées des filaos, les menaces des dépressions tropicales, la latérite rouge sur les pistes, la morsure du soleil vertical…

De tous les héritages que je leur léguerai, ces souvenirs et ces sensations sont, en avance d'hoirie, les plus riches et les plus durables.

Mais les retours se révèlent parfois cruels. Lorsque nous sommes rentrés une fin d'octobre de Martinique à Sedan, il fallut longtemps batailler avec notre fille alors âgée de trois ans pour qu'elle accepte de mettre des chaussures fermées, elle qui n'en avait jamais porté. Et la première fois qu'elle vit la Meuse, elle utilisa le seul mot qu'elle connaissait pour désigner une étendue d'eau. Son « Maman regarde ! La mer ! » nous amena au bord des larmes… Moins de deux ans plus tard, nous partions pour Nouméa.

Les métros qui ont vécu outre-mer forment à leur retour une confrérie où des allusions codées déclenchent des soupirs, voire des étincelles dans les yeux. Que peuvent-ils comprendre, les collègues, les cousins qui n'ont pas connu le carnaval à La Trinité, le rhum arrangé du cirque de Mafate, les plongées à Bora Bora ou les efforts à vélo dans le tour de la Basse-Terre ? Que peuvent-ils deviner, depuis Bar-le-Duc ou Pontoise, de la charge émotionnelle de certains mots, d'une image fortuitement aperçue à la télévision ? Comment pourraient-ils imaginer que la simple vue d'une assiette de riz et lentilles ou d'une mangue mûre aux subtiles couleurs orange et vert puisse convoquer entre les quatre murs d'un restaurant tant d'océans lointains ?

Glorieusement incompris, porteurs d'un secret qui illumine leur CV, les anciens d'outre-mer se réchauffent au souvenir du soleil tropical. La nostalgie qui les étreint par surprise provoque aussi un très léger sentiment de culpabilité, comme si, en rentrant chez eux, ils avaient un peu trahi. Mais quoi ? Qui ? Une sensation impalpable, indicible, enfouie… Un autre décor, une autre manière d'être soi-même. Une promesse d'enfance. L'illusion acceptée d'un paradis perdu.

Nombreux aussi sont ceux qui choisissent brièvement l'outre-mer, comme destination de vacances. L'offre y est multiple, des farés polynésiens implantés en bordure de lagon aux gîtes réunionnais accessibles uniquement à pied, des hôtels de plage aux Antilles aux accueils en tribu kanak, des catamarans de luxe en croisière dans les Caraïbes aux rotations plus rustiques de l'*Aranui* vers les Marquises ou du *Marion Dufresne* vers les terres Australes. L'accueil et le professionnalisme se sont améliorés. De longs efforts, notamment sur la desserte aérienne et sur la formation, ont permis d'élargir la clientèle hors de France. Le classement au patrimoine mondial de l'UNESCO du lagon calédonien, des Hauts de La Réunion, du grand marae de Taputapuatea et peut-être bientôt de la montagne Pelée, de Kerguelen et des îles Marquises, atteste de la qualité exceptionnelle de ces sites.

Mais que peut-on voir, depuis les vitres d'un autobus climatisé ? Que peut-on comprendre, en quinze jours organisés par une agence, avec buffets de spécialités et groupes folkloriques ? Rien, voire moins encore, tant de tels séjours sont propices aux malentendus.

Pourtant, même dans ces conditions artificielles, le touriste aura à son insu pris conscience d'une étrangeté, qu'il n'oubliera pas de sitôt : la France des trois océans, pour reprendre un slogan du ministère. Il aura regardé, entendu, senti, goûté. Il repartira bronzé, mais décontenancé.

À maintes reprises, des connaissances ont cru devoir me raconter leurs vacances outre-mer. À travers leurs souvenirs, leurs surprises, leurs anecdotes interchangeables, j'entends toujours le même étonnement, quelle qu'ait été leur destination : trop française pour ce qu'elle a d'exotique, trop exotique pour ce qu'elle a de français.

À leur insu, ils mettent ainsi le doigt sur la nature même de l'outre-mer, qui est double, bifide. L'outre-mer est Janus. Une commune des Hauts de La Réunion s'appelle L'Entre-Deux. Et c'est bien d'un entre-deux qu'il s'agit, d'un entre-deux qui ne se laisse enfermer dans aucune catégorie, d'une tension entre l'immédiateté de la géographie et la distance des volontés humaines. Le touriste qui l'effleure ne sait pas nommer cette double pulsion, ce mascaret toujours en tension ; il en ressort, lui aussi, avec une légère insatisfaction voire une sourde inquiétude.

Au fond, qu'importe que le séjour dure deux semaines ou quatre ans ? Celui qui sait s'ouvrir aux autres pourra tirer profit d'une immersion même brève, et celui qui ne voyage que pour conforter ses certitudes sera conforté.

## *Écouter*

Inlassablement, je cherche à discerner ce que l'outre-mer murmure à l'oreille de mon pays.

## *Ne jamais vraiment revenir…*

Plus de trente années se sont écoulées depuis mon initiation tropicale, à Mayotte. Avec le recul je comprends que l'outre-mer m'a transformé. Mon regard sur la mappemonde s'est modifié, et tout autant celui sur notre Hexagone nombriliste et frileux. Je trouve en ces îles plus d'énergie et d'optimisme, plus de vents du large et de coups de vent, plus d'envie de construire et moins de barrières. Je n'en suis pas rassasié.

Parvenu presque au terme de cette promenade, je m'expose à la question à laquelle il n'est pas de réponse possible : de tous les outre-mers, lequel préférer ? Puisque l'époque raffole de palmarès et de classements, je ne me dérobe pas.

Délaissant la chaleur et les populations, j'opte pour Port-aux-Français, la minuscule capitale de Kerguelen : quarante habitants l'hiver, cent vingt l'été, pour des séjours de six, onze ou quatorze mois. Ce choix ne résulte ni d'un goût immodéré du paradoxe ni d'une lâcheté qui m'interdirait de faire de la peine à quiconque.

Port-aux-Français se dresse, oh, se dresse à peine, dans la partie la moins spectaculaire de l'île, loin des montagnes et des glaciers. Le site, une large combe en pente douce, a été choisi pour cette rade au mouillage acceptable et cette immense plaine caillouteuse au-dessus, propice à l'installation d'un aérodrome qui jamais ne vint. Quelques bâtiments, jetés comme au hasard, font le gros dos pour résister aux fureurs du vent d'ouest qui chasse la pluie à l'horizontale. De l'autre côté du golfe, le relief se redresse, en grands à-plats de vert et de brun, et soutient une haute colline au sommet érodé, le Pouce.

Chaussés de bottes, vêtus de parkas, coiffés de bonnets, quelques hommes passent, tête baissée ou aux commandes d'un engin de chantier. Des éléphants de mer se prélassent sur ce qui tient lieu de voirie. Des goélands tournent au-dessus, inlassablement. La mer est grise, fouettée d'écume, sauf là où des bancs d'algues géantes la calment. Que faire d'autre qu'aller chercher refuge dans un bâtiment, n'importe lequel, la chapelle, la bibliothèque, le restaurant, l'hôpital, ou l'un de ceux où des chambres identiques s'alignent les unes à côté des autres…

Je suis venu à PAF — comme on dit là-bas — une douzaine de fois, soit débarquant en hélicoptère du *Marion Dufresne*, soit au terme de marches de trois, sept ou vingt-cinq jours. Je n'y éprouve aucune surprise, aucun sentiment exagéré de bien-être. Tout y est fonctionnel, masculin, collectif, amnésique, plutôt bien conçu et bien entretenu, vaguement triste, rincé par les intempéries. Une seule certitude, la qualité de la cuisine et du chauffage.

Pourquoi donc faire de cette esquisse de hameau — mi-baraquements, mi-camp de réfugiés — ma préférence ? Parce qu'il résulte d'une volonté politique affirmée dans les années 1950 — l'espérance de parvenir à mettre en valeur ces terres vierges, d'y préparer l'implantation d'une population pérenne vivant de l'élevage et de la pêche. Alors que le projet colonial agonisait dans le drame algérien, il trouve ici, à contretemps, de façon absurde et donc au fond admirable, son ultime avatar.

Car cette tentative, on le sait, n'a pas abouti. Aucun habitant permanent ne s'est jamais installé dans la « France australe » rêvée par M. de Kerguelen dès 1772, aucun enfant n'y est jamais né. Pourtant, à l'insu de tous, cette réalisation témoigne de la force d'une ambition, même à son déclin : faire que la France soit plus grande que la France.

Qui peut y être insensible ? Comment ne pas voir que sans ce vaste projet tout l'outre-mer s'effondre et disparaît ?

Kerguelen, le plus jeune et le moins bien doté des membres de la famille, le résume ; il l'épure au moment même où il le clôt. Comme souvent les enfants derniers-nés, cette île obstinément déserte, de la taille de la Corse, s'est échappée du destin qui lui a été assigné à sa naissance, et s'est réinventée : terrain d'études pour les scientifiques, base arrière de la grande pêche australe, vigie du changement climatique.

Cette esquisse inaboutie, cet avorton, contribue avec modestie à faire de notre pays autre chose que ce qu'il pense être. Elle lui permet de se déployer au-delà de ses frontières naturelles, non dans la nostalgie de son empire colonial, non dans la défense de je ne sais quels intérêts, mais dans la conscience des responsabilités que l'histoire lui a confiées. Même en l'absence d'habitants la profondeur du temps importe.

Combien plus ! Combien plus, lorsque les cimetières et les monuments aux morts en marquent le passage, en soulignent le poids, affirment la fidélité aux disparus, quels qu'aient été leurs destins. Les liens qui se sont tissés, tant qu'ils ne sont pas rompus d'un coup de hache, dépassent les personnes et les idées.

Je le découvre avec surprise : ce que je savoure dans l'outre-mer, c'est l'amour de mon pays.

Comme beaucoup, je suis fasciné par la conquête spatiale : la station internationale en orbite au-dessus de nos têtes et, dans cinquante ou cent ans, des installations pérennes sur la Lune et sur Mars. Je ne peux m'empêcher de remarquer que, dans cet effort où l'Europe compte, la fusée Ariane part de Kourou et reçoit ses dernières instructions retransmises depuis des émetteurs installés à

Kerguelen. Les expéditions en Antarctique servent de laboratoire pour imaginer les vols habités de très longue durée.

Plus globalement, cette ambition d'aller au-delà de l'horizon provient de la même source que celle qui au fil des siècles a conduit à l'existence de l'outre-mer. Celui-ci ne s'étendra plus. L'outre-ciel qui nous est promis n'est-il pas la sublimation d'un identique désir d'ailleurs ? De la même volonté de refuser que les Alpes, le Rhin, les Ardennes et les Pyrénées nous enferment ? Et peut-être, dans deux siècles, les habitants de l'outre-ciel débattront-ils de leurs relations avec la planète bleue.

Mais je vois que ce petit éloge m'échappe, il tourne au dithyrambe inconditionnel, irréfléchi. À force, je m'en voudrais de conforter les ultramarins dans l'idée qu'ils sont appréciés sans réserve ni retenue, et qu'on peut rester aveugle aux travers de leurs sociétés. L'amitié véritable n'exclut pas la critique, bien au contraire elle la requiert.

Parmi les mille défauts de l'outre-mer, je n'en retiendrai qu'un : la voiture individuelle. Aux entrées de Fort-de-France, de Papeete, de Saint-Denis, de Pointe-à-Pitre, de Nouméa et même de Cayenne, d'interminables bouchons se forment dès avant l'aube, dans les vapeurs de gazole. La circulation se fait à la vitesse de l'escargot. Si loin du périphérique, ceux qui ont quitté la région parisienne pour profiter de la nature sous les tropiques se désespèrent. Le soleil se lève sur une thrombose inexorable. Les rendez-vous seront en retard. Moi comme les autres.

À grand-peine et à grands frais, les ingénieurs triomphent du relief, des baies et des pointes, des falaises et des collines, des ravines et des rivières, avec toujours plus de rocades, de ponts, d'échangeurs, de voies rapides, de contournantes. Chaque mois, quand quelques carcasses rouillées sont abandonnées dans les brousses, un navire débarque des milliers de voitures neuves qui trouveront preneurs. Toute inauguration d'un nouvel ouvrage d'art provoque une amélioration provisoire du trafic, que la hausse du parc automobile grignote en quelques années. Qui osera dire, dans ces îles où la place manque, que cette course est folle ?

Les centres des villes, conçus au XIXe siècle, étouffent. Les piétons tentent de se frayer un passage. Les places de parking manquent. Les transports en commun sont pris dans la nasse. Le soir, même spectacle en sens inverse.

Ce goût immodéré de la voiture résulte de la croissance rapide, et de la population, et du niveau de vie ces trente dernières années. Il reflète aussi les aspirations sociales : il n'est pas rare de voir un modèle haut de gamme stationné devant une humble maison, pour la plus grande fierté de son propriétaire à crédit. Et pourquoi après tout n'y aurait-il pas droit, lui dont les parents marchaient à pied ou prenaient le bus ou le taxi collectif ?

Il faut aussi que je vous parle de la pluie. Car l'outre-mer est pluvieux. Kerguelen dépasse à cet égard tous les records envisageables. La Guyane compte deux saisons, la petite saison des grandes pluies et la grande saison des petites pluies. Saint-Pierre et Miquelon s'enveloppent d'épais brouillards sept mois sur douze. Dans les Hauts de La Réunion, lorsque la bruine et la brume fusionnent en un sabayon humide qui avale tout le paysage, on dit joliment, non pas « il pleut », mais « ça farine ». Et parfois, lorsque passe non loin une dépression tropicale, les trombes d'eau qui s'abattent peuvent être si abondantes que les pare-brise des voitures prennent des allures de vitres de passerelle d'un remorqueur de haute mer en pleine tempête…

Notre premier séjour à Nouméa débuta par un mois entier de pluies, pas trop froides certes, mais ininterrompues. Nous errions dans les rues, dégoulinants, incapables de comprendre comment pareil déluge pouvait durer aussi longtemps, incertains de notre capacité à le supporter encore.

Toute cette eau descendue du ciel sature les canalisations, noie les rares plaines littorales, fait déborder les mangroves, nettoie les ravines des innombrables déchets qui les encombrent, coupe les routes secondaires. Elle peut provoquer des glissements de terrain, emporter des ponts. De manière moins spectaculaire, l'humidité pénètre au plus profond des maisons et des placards, corrompt les cuirs de ceintures et des chaussures, moisit les livres, et le soir venu fait frissonner. Eh oui ! Les couleurs éclatantes des bougainvillées, des roses de porcelaine, des anthuriums, des flamboyants, les nuances infinies des orchidées ou de la forêt profonde n'arrivent pas par miracle.

Au-delà des intempéries règne le cyclone. Son baptême, ses prévisions, sa trajectoire et ses caprices font l'objet de toutes les conversations, de toutes les prières.

Mon premier cyclone fut Hugo. Avec sérieux, j'avais suivi les conseils de la protection civile, fait des stocks de bougies, d'eau, de vivres, rentré ou attaché tout ce qui pouvait s'envoler, collé de l'adhésif en croix sur les baies vitrées — car la maison n'avait pas de volets. Je ne savais pas trop à quoi m'attendre et trouvais ces précautions un peu exagérées. Les rues se sont vidées. L'air s'est fait pesant et électrique. La pluie et le vent ont entamé leur sabbat. Le 17 septembre 1989, Hugo frappa très durement la Guadeloupe, avec des vents mesurés à plus de trois cents kilomètres heure. Le sud de la Martinique, où nous habitions, ne connut pas de destructions majeures, seulement deux impressionnantes journées de tempête. Puis, le soleil revenu, nous avons constaté le jardin dévasté, les coulées de boue, la mer marronnasse encombrée de déchets méconnaissables. Pendant trois jours, l'électricité, le téléphone furent coupés. Qu'était cet inconvénient, face aux dévastations de l'île sœur ? Récoltes de canne à sucre et de bananes entièrement perdues, bateaux de pêche coulés, bâtiments publics endommagés, réseaux d'eau potable et de téléphone détruits, infrastructures hors d'usage, routes impraticables, aéroport fermé, plus de vingt mille sans-abri, les systèmes de secours saturés, les risques d'épidémie et même de disette : des scènes de désastre, que nous contemplions atterrés. Il fallut bien un mois pour que la vie reprenne un semblant de normalité.

En Nouvelle-Calédonie, à La Réunion, j'ai également connu plusieurs alertes cycloniques, mais chaque fois l'œil est passé à plus de cent kilomètres de nous. J'ai appris à connaître la distinction entre les cyclones de vent et les cyclones de pluie, ces derniers étant les plus terribles. J'ai admiré l'efficacité des réponses apportées par les services publics à ces situations d'urgence. Protégés par des maisons en dur, nos compatriotes d'outre-mer paient un tribut bien moindre que les habitants des îles voisines, dont les cases ne résistent pas à la fureur des éléments.

Cet excès d'eau a son contraire. La sécheresse frappe régulièrement le sud de la Martinique, l'Ouest réunionnais, la côte ouest de la Nouvelle-Calédonie. Ces paysages de savanes dédiés à l'élevage bovin prennent alors l'aspect d'un paillasson jauni, bruni, empoussiéré. Le bétail souffre. Les feux de forêt menacent. El Niño est vilipendé, le changement climatique redouté. Mais que faire ?

La sécheresse, les cyclones, sans oublier les

volcans. La nature est plus violente, plus cruelle qu'en métropole. Elle impose sa loi avec plus de force. Elle aussi rend humble.

Et comme les catastrophes y sont plus fréquentes qu'ailleurs, ces sociétés sont naturellement solidaires. Que survienne un cyclone ou un incendie, et aussitôt s'organisent spontanément ou avec les paroisses et les associations des collectes de fonds, de vêtements, de vivres. Chaque donateur sait que la prochaine fois il sera peut-être la victime.

Alors que j'écris ces lignes, les feuilles s'envolent, la pluie gifle les fenêtres, et la neige s'est installée sur les hauteurs. Pour sortir tout à l'heure, je vais devoir mettre pull, manteau, gants, écharpe et bonnet. En cette matinée de novembre où la lumière du matin n'a ni force ni chaleur, la nostalgie de l'outre-mer m'envahit et prend les commandes.

D'un coup de baguette magique, je voudrais me retrouver sur l'immense, presque infinie, plage de sable impalpable et blanc d'Ouvéa ; sur les galets de Manapany, heurtés par les vagues que rien n'arrête depuis Madagascar ; dans le lagon de Bora Bora, devant cette montagne volcanique aux découpes de forteresse médiévale ruinée, envahie de végétation ; à la pointe des Châteaux, face au vent et à l'énergie de l'Atlantique… Et l'orée de ce petit sentier qui court dans les brousses pour révéler au terme de sa dégringolade une baie minuscule aux senteurs de miel, conduit-elle à la plage dite du Préfet à Mayotte, ou à cette anse dont je choisis de taire le nom, entre Sainte-Anne et Le Marin ?

La caresse de l'alizé sur mes bras et mes jambes me manque, tout comme la recherche de l'ombre des filaos et des palmiers, la tentation de la baignade, l'ardeur du soleil dont me défendent mes lunettes, l'odeur suave et salée qui flotte impalpable, et ce mélange très subtil de nonchalance, de légèreté, d'indolence, de tentation du bonheur à laquelle je m'abandonne sans résister. Et s'il fait trop chaud pour les bords de mer, mon imagination me transportera sous les toniques cascades des cirques de La Réunion, de la côte est calédonienne, de la presqu'île de Taravao, des contreforts de la montagne Pelée ou de la Soufrière.

Déserteur des frimas de cette humide fin d'automne, je fais à nouveau le choix de l'outre-mer.

Parmi les connaisseurs, il se murmure qu'existent çà et là des îles que nul n'atteint sans un surcroît d'efforts et de patience, des défis à toute envie de voyage, des outre-mers à la puissance dix.

J'ai eu le privilège de passer une journée à Bélep, cette commune-archipel au nord de la Nouvelle-Calédonie. Après une heure de vol depuis Nouméa, le petit avion s'est posé sur une piste en terre rouge, au mitan de l'île, comme sur le dos d'une tortue. Sous un soleil accablant, une maigre brousse aux feuilles métalliques semblait expier je ne sais quelle faute. Au-delà des derniers îlots, l'océan et l'extrémité du ciel miroitaient d'un bleu-gris dur comme du granit, dans cet infini d'où en saison chaude naissent les cyclones. Nous sommes descendus par un chemin raviné, en pente douce, dans la latérite, jusqu'à la tribu blottie dans une anse aux eaux boueuses.

Trois barques en aluminium étaient tirées à terre à l'ombre d'un majestueux badamier aux feuilles vernissées. Un moteur hors-bord démonté gisait à son pied. Des filets de pêche séchaient sur un treillis de bambous dressés. Çà et là, des tas de coquillages blancs, percés d'un trou pour produire d'élégants boutons de nacre destinés à la haute couture. Devant la maison commune et quelques cases défraîchies, le maire, le chef coutumier et quelques vieux nous attendaient, avec cette solennité grave qui leur est propre. Un chien craintif errait. Des enfants regardaient en silence. Dans le ciel ou au sol, aucun oiseau.

Je me laissai envahir par le sentiment d'avoir atteint un bout du monde. Un finistère. Une porte close. Un absolu. En ces terres françaises infiniment singulières, que bien peu de voyageurs ont vues, je suis allé jusqu'au terme de mon choix de l'outre-mer.

Mais le globe terrestre est plus riche que nos jours. Je me suis à peu près résigné à l'idée de ne jamais débarquer à Alofi, par le travers de Futuna ; ni sur l'atoll de Clipperton ; ni à Langlade, tout au bout de Miquelon ; ni à Walpole, au sud de la Nouvelle-Calédonie ; ni à Camopi, sur l'Oyapock dans la forêt amazonienne ; ni aux îles Nuageuses, aux approches de Kerguelen ; ni à Tahuata, aux Marquises. Il en est tant d'autres, tant d'autres, également mystérieuses, que j'aurais pu me contenter d'en faire l'énumération, de laisser ces syllabes dont j'ignore tout prendre le pouvoir. Et peut-être est-il judicieux, est-il salutaire, peut-être même est-il indispensable à l'équilibre du monde que subsistent sur les cartes ces noms qui conservent toute la force des rêves qu'ils provoquent.

Depuis plus de trente ans en effet, mes rêves sont teintés de bleu.

Le bleu de Prusse me paraît trop brutal, le bleu pervenche trop fade, le bleu cobalt trop métallique, le bleu azur trop naïf, le bleu pétrole trop malodorant. Le bleu horizon me parle d'histoires et de guerres sur le Rhin. Il est encore un peu tôt pour le bleu nuit. Je ne suis pas prêt pour le bleu ciel.

Le bleu outremer, la couleur exacte et changeante des océans, me comble.

# NOTES

1. Non, tout bien réfléchi, je ne mets pas de notes en bas de page. Ce petit éloge n'est pas un travail universitaire et n'a pas à se justifier. Ce texte sans notes est donc suivi de notes orphelines d'un texte. Lecteur, tu pourras selon tes souvenirs et tes projets de voyage, selon ton humeur ou ton origine, l'annoter comme tu l'entends. Ou arracher des pages. Ou écrire dans les blancs et les marges. Ou affecter chacune de ces notes au paragraphe qui selon toi lui correspond. Ou encore dessiner, ou coller des photographies, par-dessus mes mots. Dans tous les cas tu auras raison.

2. Tu pourras aussi me mettre une note. Telle île est trop présente, telle autre gravement sous-représentée, telle autre encore abordée à travers les clichés les plus éculés. Et l'ego de l'auteur prend trop de place. Soit. Mais comment veux-tu qu'il en soit autrement ? Considère, si tu m'écoutes encore un peu, que seul un métro pouvait écrire un tel éloge…

3. Rien n'est plus néfaste à l'outre-mer que le désintérêt. Rien n'est plus pénible pour l'outre-mer qu'une certaine forme de condescendance. Rien n'est plus cruel pour l'outre-mer que l'ignorance.

4. Pas assez de notes de musique. J'en conviens. Il manque à cet éloge une bande-son. De mon expérience personnelle, j'atteste que l'*Oratorio de Noël* de Jean-Sébastien Bach convient bien à une montée tôt, un dimanche matin en voiture sous la pluie, de Saint-Pierre à la plaine des Cafres avant une randonnée. Mais je ne voudrais pas l'imposer à d'autres.

5. On connaît la boutade prêtée au général de Gaulle à propos de la Nouvelle-Calédonie : « Une grande bande de terre peuplée par une petite bande de cons. » Elle me semble inexacte dans au moins une de ses propositions.

6. Les présentatrices de la météo à la télévision, après avoir énuméré leurs annonces de froidures sur Paris, de brouillards dans la vallée de la Saône et de risques de verglas dans la plaine d'Alsace, donnent parfois les températures à Saint-Denis-de-La-Réunion, Pointe-à-Pitre ou Papeete. Merci à elles.

7. Cet éloge est tout en désordre, un vrai fourre-tout. À l'image de ce qu'il évoque. Si la raison française est paraît-il classique et ordonnée, l'outre-mer est baroque et imprévisible. Il défie ceux qui échafaudent des théories générales, et épuise les technocrates. Il muse et surprend même ceux qui croient le connaître. Il part là où nul ne l'attend, comme une liane échappée d'un jardin.

8. Pour une raison que j'ignore, et que la science ne peut complètement expliquer, les ciels outre-mer sont plus spectaculaires qu'en métropole, bien plus vastes qu'en Île-de-France, bien plus dramatiques qu'en Bretagne. Ils osent des couleurs inouïes, des roses, des gris perle, des orangés, des fuchsias, des drapés ivoire, des violines, des noirs, des pluies d'or, des carmins — sans oublier le

fameux rayon vert. (Ce phénomène aussi rare qu'impatiemment guetté se produit lorsqu'en mer l'ultime rayon du soleil déjà entièrement passé sous l'horizon n'est altéré par aucune brume, aucune humidité.) Et comme la pollution lumineuse y est moins forte et la nuit plus profonde, de quelles profusions d'étoiles la Voie lactée s'y révèle capable !

8 bis. Et de surcroît, s'il y a lieu, la Croix du Sud.

8 ter. J'ai omis de décrire un par un les nuages. Il y faudrait un livre entier, pour les appeler par leurs étranges noms latins, décrire leurs formes, leurs naissances et leurs sublimations, leurs promesses, leurs jeux, leurs trajets, leurs querelles, leurs effets sur la lumière tout au long du jour. Et parfois leur absence.

9. Certains ultramarins vous dénient le droit d'aimer l'outre-mer parce que selon eux vous l'aimez pour de mauvaises raisons. Étrange raisonnement, où l'on peut entendre percer la haine de soi.

10. Dans ces îles les journées commencent tôt. À 7 h 30, les écoles accueillent les enfants ; les boutiques et les administrations ouvrent au public. La température est encore agréable. On se sent plein d'énergie, ce qui ne va pas durer. J'ai donc appris à me lever à l'aube, et j'ai conservé depuis cette habitude.

11. Réduire l'outre-mer à un décor est une faute. Négliger la force de ses paysages en est une autre.

12. D'un récif corallien, l'homme voit le sommet, où les vagues brisent. Il ne perçoit cette frontière avec la mer libre que comme un danger pour la navigation, plus ou moins dissimulé. Quelle illusion d'optique ! Il distingue seulement les rebords crénelés d'un chemin de ronde, et ignore tout des trente ou cinquante mètres de l'ancienne

et complexe forteresse qui les porte. L'étrange Clipperton, Ouvéa et son immense plage de sable blanc, Raiatea et Tahaa au sein du même lagon, la minuscule Bassas da India qui disparaît entièrement à marée haute, l'immense Rangiroa, la secrète Beautemps-Beaupré, Mayotte, Wallis et tant d'autres... Hormis la Guyane et les îles froides, l'outre-mer est ourlé de corail : récif frangeant, récif barrière entourant un lagon, récif relictuel, récif double, atoll annulaire d'un bleu pâle posé sur l'océan bleu foncé... Toutes les fantaisies s'y déploient, pour abriter une exceptionnelle biodiversité marine encore mal connue.

13. Dans les rues, les villages, les tribus, je ne vois que des jeunes. Leur énergie est communicative. Leur imaginaire mixe à leur façon traditions et séries télévisées, sagesse reçue des anciens et leçons apprises de leurs professeurs. Maternités, écoles, collèges, lycées, terrains de sport débordent, ainsi que les logements. Les politiques publiques peinent à suivre. Tout comme les possibilités d'emploi, avec pour seule alternative le départ redouté vers une métropole mal connue. Mais quel enthousiasme pour l'avenir ! Quelle capacité à tout réinventer !

14. Ce que porte la parole kanak ajoute à la beauté du monde.

15. À notre arrivée à Tubuai, personne pour nous accueillir, hormis trois gendarmes, le maire et le premier adjoint. Le ministre et le haut-commissaire furent embarqués sans façons dans deux 4 × 4, et les conseillers chargés dans la benne, cheveux au vent. À l'orée de la baie, douze cavaliers au galop portant des drapeaux ont encadré le cortège officiel. Au chef-lieu, en travers de la rue unique et parallèle à la plage, étaient suspendus tous les cinquante mètres des tifaifai, ces grandes couvertures en patchwork aux couleurs vives. Le cortège s'arrêta

devant la mairie, où était rassemblée toute la population, les vieux en paréo, les mamas, les enfants de l'école et leurs maîtresses, les pompiers, la police municipale, la chorale, l'équipe de vaa'a… La réception eut lieu dans le jardin attenant, où assis dans l'herbe nous écoutâmes de brefs discours de bienvenue. Puis des jeunes filles et d'accortes femmes dansèrent pour nous, avant de nous envelopper dans des nattes, de nous asperger de parfums et de nous offrir du po'e banane, de la main à la bouche. Ai-je vraiment vécu cela ?

16. Parler de l'outre-mer, c'est nécessairement raconter depuis l'extérieur. Mais pourquoi les récits faits depuis l'intérieur seraient-ils plus légitimes ? Plus intéressants ? Plus sincères ?

17. Pendant vingt ans, et pour vingt-cinq millions d'euros, la France a construit un pont sur l'Oyapock — et conséquemment une route de Cayenne à Saint-Georges-de-l'Oyapock — pour mettre un terme à l'enclavement de la Guyane. Inauguré en mars 2017, il permet seulement aux Guyanais d'entrer dans la bourgade d'Oïapoque qui n'est pas reliée au réseau routier brésilien. Un pont vers un cul-de-sac. L'isolement de la Guyane n'est donc pas une contingence géographique, c'est une malédiction ou un destin. Elle ne rompt avec cette fatalité que pour lancer des fusées vers les étoiles.

17 bis. Déjà en 1983 la France a entrepris de réaliser une piste d'atterrissage en terre Adélie, afin de faciliter la desserte de la base polaire Dumont-d'Urville. Il y fallut dix ans de travaux herculéens et de polémiques pour la réaliser. En janvier 1994, alors qu'aucun avion ne s'y est encore posé, une tempête attaque l'ouvrage en son milieu, le cisaille, emporte à la mer des milliers de tonnes de roches. Fin de la piste. N'en subsistent qu'un terre-plein bien trop long et une tour de contrôle mélancolique.

18. Dans ce tableau, aucune place pour certaines réalités sombres : l'alcoolisme et le cannabis ; la délinquance ; les violences sexuelles ou familiales le plus souvent tues ; la grande pauvreté si peu visible non loin de la richesse étalée…

19. La poésie inspirée du vocabulaire géographique m'a toujours fasciné. Une passe, c'est aussi une ouverture dans un récif ; un morne, une colline aux Antilles ; un catabatique, un vent d'une violence inouïe qui dévale du continent antarctique vers la côte de terre Adélie ; la chaîne, le nom de l'axe montagneux de la Nouvelle-Calédonie ; une crique et un saut, l'affluent d'un fleuve de Guyane et un rapide qui en brise le cours ; le diamant, un rocher volcanique au large de la Martinique ; un sandur, emprunt à l'islandais, une plaine littorale où divague une rivière à Kerguelen ; un motu, emprunt au polynésien, un îlot sur le lagon ; quant au lagon, il vient de l'italien via l'anglais et devrait renvoyer à la lagune de Venise…

19 bis. Je rappelle aux distraits qu'Ouvéa est d'abord le nom wallisien de Wallis ; qu'en Guadeloupe la Basse-Terre est la plus haute et la Grande-Terre la plus petite ; qu'il ne neige quasiment jamais au piton des Neiges ; que Nouméa, qui s'est d'abord appelée Port-de-France, a été vite débaptisée en raison de trop fréquentes confusions avec Fort-de-France — risque qui un siècle plus tard n'a pas empêché que le chef-lieu de Kerguelen soit nommé Port-aux-Français ; que les terres Australes dans l'océan Indien ne sont pas l'archipel des Australes dans le Pacifique.

19 ter. … Et tous ces noms de navigateurs ou de navires venus d'Europe et jetés comme au hasard sur les cartes, Wallis, Crozet, Bellinghausen, Tromelin, Beautemps-Beaupré, Juan de Nova, Walpole, Kerguelen, Scilly,

Ducos, Clipperton, Amsterdam, Chesterfield et bien sûr Europa…

20. Inextricables mangroves, labyrinthes de racines de palétuviers où dans le battement des marées naissent poissons, moustiques et crabes, mangroves impénétrables, je vous ai oubliées.

21. Aussi aléatoires mais non moins fréquents que les cyclones, les blocages. Dans ces îles où abondent les goulots d'étranglement de toutes sortes, les grèves de certaines professions prennent vite des dimensions de catastrophe. Si le port, le dépôt pétrolier, les transports aériens, les agences bancaires ou le ramassage des ordures ménagères s'arrêtent, toute l'île se trouve aussitôt sous tension. D'autres catégories utilisent les barrages routiers pour faire entendre leurs revendications : il suffit de quelques manifestants déterminés en travers d'un rond-point pour provoquer une paralysie complète, à la durée imprévisible. Ces stratégies s'apparentent à certains égards à un suicide collectif provisoire. Outre-mer, il faut savoir être patient.

22. OM ne doit pas toujours se traduire par Olympique de Marseille. Ni hexagone par une figure de géométrie.

23. Hormis la forêt guyanaise et la brousse calédonienne, ces îles sont quasiment surpeuplées. Faute de pouvoir s'installer dans les montagnes, abruptes, dangereuses, elles concentrent leurs populations toujours plus nombreuses sur une frange littorale, où le bâti succède au bâti dans une continuité sans respiration.

24. En ces terres tropicales, impossible de bénéficier d'interminables soirées d'été pour un dîner au jardin, que le soleil puis la lumière ne semblent vouloir abandonner

qu'à regret ; ni de se lamenter de leur inverse, ces trop longues et déprimantes nuits d'hiver. Avec une régularité de métronome, le jour a la même durée toute l'année, sa variation n'excédant pas une heure. La mécanique des sphères impose sa loi. L'outre-mer y est mesuré, prudent, raisonnable, quand la métropole s'autorise de généreuses fantaisies circadiennes.

25. Pour se poser à Saint-Barthélemy, à Futuna ou à Rurutu, le pilote vise une montagne en forme de pain de sucre, l'évite de justesse d'un battement d'ailes, descend brutalement, freine de toutes ses forces dès que les roues touchent la piste, et immobilise le petit avion quelques mètres avant qu'il ne bascule à la mer. Souvent, les passagers applaudissent.

99. L'outre-mer compte plus d'îles que ce livre de pages. Je n'ai pas envie de m'arrêter. Il le faut pourtant.

# COLLECTION FOLIO 2 €

*Dernières parutions*

| | |
|---|---|
| 4445. William Golding | *L'envoyé extraordinaire* |
| 4446. Pierre Loti | *Les trois dames de la Kasbah* suivi de *Suleïma* |
| 4448. Jean Rhys | *À septembre, Petronella* suivi de *Qu'ils appellent ça du jazz* |
| 4449. Gertrude Stein | *La brave Anna* |
| 4450. Voltaire | *Le Monde comme il va* et autres contes |
| 4482. Régine Detambel | *Petit éloge de la peau* |
| 4483. Caryl Férey | *Petit éloge de l'excès* |
| 4484. Jean-Marie Laclavetine | *Petit éloge du temps présent* |
| 4485. Richard Millet | *Petit éloge d'un solitaire* |
| 4486. Boualem Sansal | *Petit éloge de la mémoire* |
| 4518. Renée Vivien | *La Dame à la louve* |
| 4519. Madame Campan | *Mémoires sur la vie privée de Marie-Antoinette* (extraits) |
| 4520. Madame de Genlis | *La Femme auteur* |
| 4521. Elsa Triolet | *Les Amants d'Avignon* |
| 4522. George Sand | *Pauline* |
| 4549. Amaru | *La Centurie. Poèmes amoureux de l'Inde ancienne* |
| 4550. Collectif | *«Mon cher papa...» Des écrivains et leur père* |
| 4551. Joris-Karl Huysmans | *Sac au dos* suivi de *À vau l'eau* |
| 4553. Valery Larbaud | *Mon plus secret conseil...* |
| 4554. Henry Miller | *Lire aux cabinets* précédé d'*Ils étaient vivants et ils m'ont parlé* |
| 4555. Alfred de Musset | *Emmeline* suivi de *Croisilles* |
| 4556. Irène Némirovsky | *Ida* suivi de *La comédie bourgeoise* |
| 4557. Rainer Maria Rilke | *Au fil de la vie. Nouvelles et esquisses* |
| 4558. Edgar Allan Poe | *Petite discussion avec une momie* et autres histoires extraordinaires |

4596. Michel Embareck | *Le temps des citrons*
4597. David Shahar | *La moustache du pape* et autres nouvelles
4598. Mark Twain | *Un majestueux fossile littéraire* et autres nouvelles
4618. Stéphane Audeguy | *Petit éloge de la douceur*
4619. Éric Fottorino | *Petit éloge de la bicyclette*
4620. Valentine Goby | *Petit éloge des grandes villes*
4621. Gaëlle Obiégly | *Petit éloge de la jalousie*
4622. Pierre Pelot | *Petit éloge de l'enfance*
4639. Benjamin Constant | *Le Cahier rouge*
4640. Carlos Fuentes | *La Desdichada*
4641. Richard Wright | *L'homme qui a vu l'inondation* suivi de *Là-bas, près de la rivière*
4666. Collectif | *Le pavillon des Parfums-Réunis* et autres nouvelles chinoises des Ming
4667. Thomas Day | *L'automate de Nuremberg*
4668. Lafcadio Hearn | *Ma première journée en Orient* suivi de *Kizuki, le sanctuaire le plus ancien du Japon*
4669. Simone de Beauvoir | *La Femme indépendante*
4670. Rudyard Kipling | *Une vie gaspillée* et autres nouvelles
4671. D. H. Lawrence | *L'épine dans la chair* et autres nouvelles
4672. Luigi Pirandello | *Eau amère* et autres nouvelles
4673. Jules Verne | *Les révoltés de la Bounty* suivi de *Maître Zacharius*
4674. Anne Wiazemsky | *L'île*
4708. Isabelle de Charrière | *Sir Walter Finch et son fils William*
4709. Madame d'Aulnoy | *La Princesse Belle Étoile et le prince Chéri*
4710. Isabelle Eberhardt | *Amours nomades. Nouvelles choisies*
4711. Flora Tristan | *Promenades dans Londres* (extraits)
4737. Joseph Conrad | *Le retour*
4738. Roald Dahl | *Le chien de Claude*
4739. Fédor Dostoïevski | *La femme d'un autre et le mari sous le lit. Une aventure peu ordinaire*

4740. Ernest Hemingway — *La capitale du monde* suivi de *L'heure triomphale de Francis Macomber*
4741. H. P. Lovecraft — *Celui qui chuchotait dans les ténèbres*
4742. Gérard de Nerval — *Pandora* et autres nouvelles
4743. Juan Carlos Onetti — *À une tombe anonyme*
4744. Robert Louis Stevenson — *La chaussée des Merry Men*
4745. Henry David Thoreau — *«Je vivais seul dans les bois»*
4746. Michel Tournier — *L'aire du Muguet* précédé de *La jeune fille et la mort*
4781. Collectif — *Sur le zinc. Au café avec les écrivains*
4782. Francis Scott Fitzgerald — *L'étrange histoire de Benjamin Button* suivi de *La lie du bonheur*
4783. Lao She — *Le nouvel inspecteur* suivi de *Le croissant de lune*
4784. Guy de Maupassant — *Apparition* et autres contes de l'étrange
4785. D.A.F. de Sade — *Eugénie de Franval. Nouvelle tragique*
4786. Patrick Amine — *Petit éloge de la colère*
4787. Élisabeth Barillé — *Petit éloge du sensible*
4788. Didier Daeninckx — *Petit éloge des faits divers*
4789. Nathalie Kuperman — *Petit éloge de la haine*
4790. Marcel Proust — *La fin de la jalousie* et autres nouvelles
4839. Julian Barnes — *À jamais* et autres nouvelles
4840. John Cheever — *Une Américaine instruite* précédé d'*Adieu, mon frère*
4841. Collectif — *« Que je vous aime, que je t'aime ! » Les plus belles déclarations d'amour*
4842. André Gide — *Souvenirs de la cour d'assises*
4843. Jean Giono — *Notes sur l'affaire Dominici* suivi d'*Essai sur le caractère des personnages*
4844. Jean de La Fontaine — *Comment l'esprit vient aux filles* et autres contes libertins
4845. Yukio Mishima — *Papillon* suivi de *La lionne*
4846. John Steinbeck — *Le meurtre* et autres nouvelles
4847. Anton Tchékhov — *Un royaume de femmes* suivi de *De l'amour*
4848. Voltaire — *L'Affaire du chevalier de La Barre* précédé de *L'Affaire Lally*

4875. Marie d'Agoult — *Premières années (1806-1827)*

4876. Madame de Lafayette — *Histoire de la princesse de Montpensier* et autres nouvelles

4877. Madame Riccoboni — *Histoire de M. le marquis de Cressy*

4878. Madame de Sévigné — *«Je vous écris tous les jours...» Premières lettres à sa fille*

4879. Madame de Staël — *Trois nouvelles*

4911. Karen Blixen — *Saison à Copenhague*

4912. Julio Cortázar — *La porte condamnée* et autres nouvelles fantastiques

4913. Mircea Eliade — *Incognito à Buchenwald...* précédé d'*Adieu !...*

4914. Romain Gary — *Les trésors de la mer Rouge*

4915. Aldous Huxley — *Le jeune Archimède* précédé de *Les Claxton*

4916. Régis Jauffret — *Ce que c'est que l'amour* et autres microfictions

4917. Joseph Kessel — *Une balle perdue*

4919. Junichirô Tanizaki — *Le pont flottant des songes*

4920. Oscar Wilde — *Le portrait de Mr. W. H.*

4953. Eva Almassy — *Petit éloge des petites filles*

4954. Franz Bartelt — *Petit éloge de la vie de tous les jours*

4955. Roger Caillois — *Noé* et autres textes

4956. Casanova — *Madame F.* suivi d'*Henriette*

4957. Henry James — *De Grey, histoire romantique*

4958. Patrick Kéchichian — *Petit éloge du catholicisme*

4959. Michel Lermontov — *La princesse Ligovskoï*

4960. Pierre Péju — *L'idiot de Shanghai* et autres nouvelles

4961. Brina Svit — *Petit éloge de la rupture*

4962. John Updike — *Publicité* et autres nouvelles

5010. Anonyme — *Le Petit-Fils d'Hercule. Un roman libertin*

5011. Marcel Aymé — *La bonne peinture*

5012. Mikhaïl Boulgakov — *J'ai tué* et autres récits

5013. Arthur Conan Doyle — *L'interprète grec* et autres aventures de Sherlock Holmes

5014. Frank Conroy — *Le cas mystérieux de R.* et autres nouvelles

5015. Arthur Conan Doyle — *Une affaire d'identité* et autres aventures de Sherlock Holmes
5016. Cesare Pavese — *Histoire secrète* et autres nouvelles
5017. Graham Swift — *Le sérail* et autres nouvelles
5018. Rabindranath Tagore — *Aux bords du Gange* et autres nouvelles
5019. Émile Zola — *Pour une nuit d'amour* suivi de *L'Inondation*
5060. Anonyme — *L'œil du serpent. Contes folkloriques japonais*
5061. Federico García Lorca — *Romancero gitan* suivi de *Chant funèbre pour Ignacio Sanchez Mejias*
5062. Ray Bradbury — *Le meilleur des mondes possibles* et autres nouvelles
5063. Honoré de Balzac — *La Fausse Maîtresse*
5064. Madame Roland — *Enfance*
5065. Jean-Jacques Rousseau — *« En méditant sur les dispositions de mon âme... »* et autres *Rêveries* suivi de *Mon portrait*
5066. Comtesse de Ségur — *Ourson*
5067. Marguerite de Valois — *Mémoires 1569-1577* (extraits)
5068. Madame de Villeneuve — *La Belle et la Bête*
5069. Louise de Vilmorin — *Sainte-Unefois*
5120. Hans Christian Andersen — *La Vierge des glaces*
5121. Paul Bowles — *L'éducation de Malika*
5122. Collectif — *Au pied du sapin. Contes de Noël*
5123. Vincent Delecroix — *Petit éloge de l'ironie*
5124. Philip K. Dick — *Petit déjeuner au crépuscule* et autres nouvelles
5125. Jean-Baptiste Gendarme — *Petit éloge des voisins*
5126. Bertrand Leclair — *Petit éloge de la paternité*
5127. Alfred de Musset-George Sand — *« Ô mon George, ma belle maîtresse... » Lettres*
5128. Grégoire Polet — *Petit éloge de la gourmandise*
5129. Paul Verlaine — *L'Obsesseur* précédé d'*Histoires comme ça*

| | |
|---|---|
| 5163. Ryûnosuke Akutagawa | *La vie d'un idiot* précédé d'*Engrenage* |
| 5164. Anonyme | *Saga d'Eiríkr le Rouge* suivi de *Saga des Groenlandais* |
| 5165. Antoine Bello | *Go Ganymède !* |
| 5166. Adelbert von Chamisso | *L'étrange histoire de Peter Schlemihl* |
| 5167. Collectif | *L'art du baiser. Les plus beaux baisers de la littérature* |
| 5168. Guy Goffette | *Les derniers planteurs de fumée* |
| 5169. H. P. Lovecraft | *L'horreur de Dunwich* |
| 5170. Léon Tolstoï | *Le Diable* |
| 5184. Alexandre Dumas | *La main droite du sire de Giac* et autres nouvelles |
| 5185. Edith Wharton | *Le miroir* suivi de *Miss Mary Pask* |
| 5231. Théophile Gautier | *La cafetière* et autres contes fantastiques |
| 5232. Claire Messud | *Les Chasseurs* |
| 5233. Dave Eggers | *Du haut de la montagne, une longue descente* |
| 5234. Gustave Flaubert | *Un parfum à sentir ou Les Baladins* suivi de *Passion et vertu* |
| 5235. Carlos Fuentes | *En bonne compagnie* suivi de *La chatte de ma mère* |
| 5236. Ernest Hemingway | *Une drôle de traversée* |
| 5237. Alona Kimhi | *Journal de Berlin* |
| 5238. Lucrèce | *« L'esprit et l'âme se tiennent étroitement unis ». Livre III de* De la nature |
| 5239. Kenzaburô Ôé | *Seventeen* |
| 5240. P. G. Wodehouse | *Une partie mixte à trois* et autres nouvelles du green |
| 5290. Jean-Jacques Bernard | *Petit éloge du cinéma d'aujourd'hui* |
| 5291. Jean-Michel Delacomptée | *Petit éloge des amoureux du silence* |
| 5292. Mathieu Terence | *Petit éloge de la joie* |
| 5293. Vincent Wackenheim | *Petit éloge de la première fois* |
| 5294. Richard Bausch | *Téléphone rose* et autres nouvelles |
| 5295. Collectif | *Ne nous fâchons pas ! ou l'art de se disputer au théâtre* |
| 5296. Robin Robertson | *Fiasco ! Des écrivains en scène* |

5297. Miguel de Unamuno — *Des yeux pour voir* et autres contes
5298. Jules Verne — *Une fantaisie du Docteur Ox*
5299. Robert Charles Wilson — *YFL-500* suivi du *Mariage de la dryade*
5347. Honoré de Balzac — *Philosophie de la vie conjugale*
5348. Thomas De Quincey — *Le bras de la vengeance*
5349. Charles Dickens — *L'Embranchement de Mugby*
5351. Marcus Malte — *Mon frère est parti ce matin...*
5352. Vladimir Nabokov — *Natacha* et autres nouvelles
5353. Arthur Conan Doyle — *Un scandale en Bohême* suivi d'*Étoile d'argent. Deux aventures de Sherlock Holmes*
5354. Jean Rouaud — *Préhistoires*
5355. Mario Soldati — *Le père des orphelins*
5356. Oscar Wilde — *Maximes* et autres textes
5415. Franz Bartelt — *Une sainte fille* et autres nouvelles
5416. Mikhaïl Boulgakov — *Morphine*
5417. Guillermo Cabrera Infante — *Coupable d'avoir dansé le cha-cha-cha*
5418. Collectif — *Jouons avec les mots. Jeux littéraires*
5419. Guy de Maupassant — *Contes au fil de l'eau*
5420. Thomas Hardy — *Les intrus de la Maison Haute* précédé d'un autre conte du Wessex
5421. Mohamed Kacimi — *La confession d'Abraham*
5422. Orhan Pamuk — *Mon père* et autres textes
5423. Jonathan Swift — *Modeste proposition* et autres textes
5424. Sylvain Tesson — *L'éternel retour*
5462. Lewis Carroll — *Misch-masch* et autres textes de jeunesse
5463. Collectif — *Un voyage érotique. Invitations à l'amour dans la littérature du monde entier*
5465. William Faulkner — *Coucher de soleil* et autres Croquis de La Nouvelle-Orléans
5466. Jack Kerouac — *Sur les origines d'une génération* suivi de *Le dernier mot*
5467. Liu Xinwu — *La Cendrillon du canal* suivi de *Poisson à face humaine*
5468. Patrick Pécherot — *Petit éloge des coins de rue*

5469. George Sand — *Le château de Pictordu*
5471. Martin Winckler — *Petit éloge des séries télé*
5523. E.M. Cioran — *Pensées étranglées* précédé du *Mauvais démiurge*
5526. Jacques Ellul — *« Je suis sincère avec moi-même »* et autres lieux communs
5527. Liu An — *Du monde des hommes. De l'art de vivre parmi ses semblables*
5528. Sénèque — *De la providence* suivi de *Lettres à Lucilius (lettres 71 à 74)*
5530. Tchouang-tseu — *Joie suprême* et autres textes
5531. Jacques de Voragine — *La Légende dorée. Vie et mort de saintes illustres*
5532. Grimm — *Hänsel et Gretel* et autres contes
5589. Saint Augustin — *L'Aventure de l'esprit et autres Confessions*
5590. Anonyme — *Le brahmane et le pot de farine. Contes édifiants du* Pañcatantra
5591. Simone Weil — *Pensées sans ordre concernant l'amour de Dieu* et autres textes
5592. Xun zi — *Traité sur le Ciel* et autres textes
5606. Collectif — *Un oui pour la vie ? Le mariage en littérature*
5607. Éric Fottorino — *Petit éloge du Tour de France*
5608. E. T. A. Hoffmann — *Ignace Denner*
5609. Frédéric Martinez — *Petit éloge des vacances*
5610. Sylvia Plath — *Dimanche chez les Minton* et autres nouvelles
5611. Lucien — *« Sur des aventures que je n'ai pas eues ». Histoire véritable*
5631. Boccace — *Le Décaméron. Première journée*
5632. Isaac Babel — *Une soirée chez l'impératrice* et autres récits
5633. Saul Bellow — *Un futur père* et autres nouvelles
5634. Belinda Cannone — *Petit éloge du désir*
5635. Collectif — *Faites vos jeux ! Les jeux en littérature*

5636. Collectif — *Jouons encore avec les mots. Nouveaux jeux littéraires*
5637. Denis Diderot — *Sur les femmes* et autres textes
5638. Elsa Marpeau — *Petit éloge des brunes*
5639. Edgar Allan Poe — *Le sphinx* et autres contes
5640. Virginia Woolf — *Le quatuor à cordes* et autres nouvelles
5714. Guillaume Apollinaire — *« Mon cher petit Lou ». Lettres à Lou*
5715. Jorge Luis Borges — *Le Sud* et autres fictions
5717. Chamfort — *Maximes* suivi de *Pensées morales*
5718. Ariane Charton — *Petit éloge de l'héroïsme*
5719. Collectif — *Le goût du zen. Recueil de propos et d'anecdotes*
5720. Collectif — *À vos marques ! Nouvelles sportives*
5721. Olympe de Gouges — *« Femme, réveille-toi ! » Déclaration des droits de la femme et de la citoyenne* et autres écrits
5722. Tristan Garcia — *Le saut de Malmö* et autres nouvelles
5723. Silvina Ocampo — *La musique de la pluie* et autres nouvelles
5758. Anonyme — *Fioretti. Légendes de saint François d'Assise*
5759. Gandhi — *En guise d'autobiographie*
5760. Leonardo Sciascia — *La tante d'Amérique*
5761. Prosper Mérimée — *La perle de Tolède* et autres nouvelles
5762. Amos Oz — *Chanter* et autres nouvelles
5794. James Joyce — *Un petit nuage* et autres nouvelles
5795. Blaise Cendrars — *L'Amiral*
5797. Ueda Akinari — *La maison dans les roseaux* et autres contes
5798. Alexandre Pouchkine — *Le coup de pistolet* et autres récits de feu Ivan Pétrovitch Bielkine
5818. Mohammed Aïssaoui — *Petit éloge des souvenirs*
5819. Ingrid Astier — *Petit éloge de la nuit*
5820. Denis Grozdanovitch — *Petit éloge du temps comme il va*
5821. Akira Mizubayashi — *Petit éloge de l'errance*
5835. Francis Scott Fitzgerald — *Bernice se coiffe à la garçonne* précédé du *Pirate de la côte*

5836. Baltasar Gracian — *L'Art de vivre avec élégance. Cent maximes de* L'Homme de cour

5837. Montesquieu — *Plaisirs et bonheur* et autres *Pensées*

5838. Ihara Saikaku — *Histoire du tonnelier tombé amoureux* suivi d'*Histoire de Gengobei*

5839. Tang Zhen — *Des moyens de la sagesse* et autres textes

5856. Collectif — *C'est la fête ! La littérature en fêtes*

5896. Collectif — *Transports amoureux. Nouvelles ferroviaires*

5897. Alain Damasio — *So phare away* et autres nouvelles

5898. Marc Dugain — *Les vitamines du soleil*

5899. Louis Charles Fougeret de Monbron — *Margot la ravaudeuse*

5900. Henry James — *Le fantôme locataire* précédé d'*Histoire singulière de quelques vieux habits*

5901. François Poullain de La Barre — *De l'égalité des deux sexes*

5902. Junichirô Tanizaki — *Le pied de Fumiko* précédé de *La complainte de la sirène*

5903. Ferdinand von Schirach — *Le hérisson* et autres nouvelles

5904. Oscar Wilde — *Le millionnaire modèle* et autres contes

5905. Stefan Zweig — *Découverte inopinée d'un vrai métier* suivi de *La vieille dette*

5935. Chimamanda Ngozi Adichie — *Nous sommes tous des féministes* suivi des *Marieuses*

5973. Collectif — *Pourquoi l'eau de mer est salée* et autres contes de Corée

5974. Honoré de Balzac — *Voyage de Paris à Java* suivi d'*Un drame au bord de la mer*

5975. Collectif — *Des mots et des lettres. Énigmes et jeux littéraires*

5976. Joseph Kessel — *Le paradis du Kilimandjaro* et autres reportages

5977. Jack London — *Une odyssée du Grand Nord* précédé du *Silence blanc*

5992. Pef — *Petit éloge de la lecture*
5994. Thierry Bourcy — *Petit éloge du petit déjeuner*
5995. Italo Calvino — *L'oncle aquatique* et autres récits cosmicomics
5996. Gérard de Nerval — *Le harem* suivi d'*Histoire du calife Hakem*
5997. Georges Simenon — *L'Étoile du Nord* et autres enquêtes de Maigret
5998. William Styron — *Marriott le marine*
5999. Anton Tchékhov — *Les groseilliers* et autres nouvelles
6001. P'ou Song-ling — *La femme à la veste verte. Contes extraordinaires du Pavillon du Loisir*
6002. H. G. Wells — *Le cambriolage d'Hammerpond Park* et autres nouvelles extravagantes
6042. Collectif — *Joyeux Noël ! Histoires à lire au pied du sapin*
6083. Anonyme — *Saga de Hávardr de l'Ísafjördr. Saga islandaise*
6084. René Barjavel — *Les enfants de l'ombre* et autres nouvelles
6085. Tonino Benacquista — *L'aboyeur* précédé de *L'origine des fonds*
6086. Karen Blixen — *Histoire du petit mousse* et autres contes d'hiver
6087. Truman Capote — *La guitare de diamants* et autres nouvelles
6088. Collectif — *L'art d'aimer. Les plus belles nuits d'amour de la littérature*
6089. Jean-Philippe Jaworski — *Comment Blandin fut perdu* précédé de *Montefellóne. Deux récits du Vieux Royaume*
6090. D.A.F. de Sade — *L'Heureuse Feinte* et autres contes étranges
6091. Voltaire — *Le taureau blanc* et autres contes
6111. Mary Wollstonecraft — *Défense des droits des femmes* (extraits)
6159. Collectif — *Les mots pour le lire. Jeux littéraires*

| | |
|---|---|
| 6160. Théophile Gautier | *La Mille et Deuxième Nuit* et autres contes |
| 6161. Roald Dahl | *À moi la vengeance S.A.R.L.* suivi de *Madame Bixby et le manteau du Colonel* |
| 6162. Scholastique Mukasonga | *La vache du roi Musinga* et autres nouvelles rwandaises |
| 6163. Mark Twain | *À quoi rêvent les garçons. Un apprenti pilote sur le Mississippi* |
| 6178. Oscar Wilde | *Le Pêcheur et son Âme* et autres contes |
| 6179. Nathacha Appanah | *Petit éloge des fantômes* |
| 6180. Arthur Conan Doyle | *La maison vide* précédé du *Dernier problème. Deux aventures de Sherlock Holmes* |
| 6181. Sylvain Tesson | *Le téléphérique* et autres nouvelles |
| 6182. Léon Tolstoï | *Le cheval* suivi d'*Albert* |
| 6183. Voisenon | *Le sultan Misapouf et la princesse Grisemine* |
| 6184. Stefan Zweig | *Était-ce lui ?* précédé d'*Un homme qu'on n'oublie pas* |
| 6210. Collectif | *Paris sera toujours une fête. Les plus grands auteurs célèbrent notre capitale* |
| 6211. André Malraux | *Malraux face aux jeunes. Mai 68, avant, après. Entretiens inédits* |
| 6241. Anton Tchékhov | *Les méfaits du tabac* et autres pièces en un acte |
| 6242. Marcel Proust | *Journées de lecture* |
| 6243. Franz Kafka | *Le Verdict – À la colonie pénitentiaire* |
| 6245. Joseph Conrad | *L'associé* |
| 6246. Jules Barbey d'Aurevilly | *La Vengeance d'une femme* précédé du *Dessous de cartes d'une partie de whist* |
| 6285. Jules Michelet | *Jeanne d'Arc* |
| 6286. Collectif | *Les écrivains engagent le débat. De Mirabeau à Malraux, 12 discours d'hommes de lettres à l'Assemblée nationale* |

| | |
|---|---|
| 6319. Emmanuel Bove | *Bécon-les-Bruyères* suivi du *Retour de l'enfant* |
| 6320. Dashiell Hammett | *Tulip* |
| 6321. Stendhal | *L'abbesse de Castro* |
| 6322. Marie-Catherine Hecquet | *Histoire d'une jeune fille sauvage trouvée dans les bois à l'âge de dix ans* |
| 6323. Gustave Flaubert | *Le Dictionnaire des idées reçues* |
| 6324. F. Scott Fitzgerald | *Le réconciliateur* suivi de *Gretchen au bois dormant* |
| 6358. Sébastien Raizer | *Petit éloge du zen* |
| 6359. Pef | *Petit éloge de lecteurs* |
| 6360. Marcel Aymé | *Traversée de Paris* |
| 6361. Virginia Woolf | *En compagnie de Mrs Dalloway* |
| 6362. Fédor Dostoïevski | *Un petit héros* |
| 6395. Truman Capote | *New York, Haïti, Tanger* et autres lieux |
| 6396. Jim Harrison | *La fille du fermier* |
| 6412. Léon-Paul Fargue | *Mon quartier* et autres lieux parisiens |
| 6413. Washington Irving | *La Légende de Sleepy Hollow* |
| 6414. Henry James | *Le Motif dans le tapis* |
| 6415. Marivaux | *Arlequin poli par l'amour* et autres pièces en un acte |
| 6417. Vivant Denon | *Point de lendemain* |
| 6418. Stefan Zweig | *Brûlant secret* |
| 6459. Simone de Beauvoir | *L'âge de discrétion* |
| 6460. Charles Dickens | *À lire au crépuscule* et autres histoires de fantômes |
| 6493. Jean-Jacques Rousseau | *Lettres sur la botanique* |
| 6494. Giovanni Verga | *La Louve* |
| 6495. Raymond Chandler | *Déniche la fille* |
| 6496. Jack London | *Une femme de cran* |
| 6528. Michel Déon | *Un citron de Limone* |
| 6530. François Garde | *Petit éloge de l'outre-mer* |
| 6531. Didier Pourquery | *Petit éloge du jazz* |
| 6532. Patti Smith | *« Rien que des gamins »* |